到阿嬤時代 玩臺南

文・攝影＝進食的巨鼠

目錄

壹 臺南古蹟之旅

阿嬤的少女時代熱門打卡景點

臺南旅食老店 貳

阿嬤的少女時代約會地點

參 大臺南地區必訪景點

阿嬤的少女時代遠足郊遊地點

肆 臺南老屋古風民宿推薦

阿嬤的少女時代必住民宿

伍 臺南老街旅遊行程規劃

特別企劃

自序

談起這本書，就不得不談起前一本，也就是我第一本出版書籍：《臺南 享食 慢旅》。第一本書的篇幅因為內容過多，沒能放作者序，所以想一併跟大家分享我的心路歷程。

想起第一本書的創作過程，個人到現在都覺得有點不可思議，如果你們有追蹤我的粉絲團，或許會發現我的人氣並不是非常的高，所以在收到出版社編輯的出書邀請時，當下我是覺得驚嚇的！還詢問了熟識的友好部落客，想知道是否他們也收到同樣的邀約，而我只是亂槍打鳥中的其中一隻小小鳥兒而已！（笑）後來發現，他們都沒有收到這樣的信件，只有我收到，當下我又再想這是否為詐騙，後來部落客「熱血玩臺南」建議我可以去問該家出版社的出書前輩，也就是臺中的大口老師，跟他詢問確認這真的是出版社的邀稿合作，大口老師也告訴我：「如果你願意，就試試看吧！無論最後是否有出版這本書，在準備的過程，都是一樣人生經歷。」聽到大口老師的話，我的心情就安定許多，雖然部落客好友、家人多持反對的意見，覺得出書不是一件輕鬆快樂的事，但我還是決定試試看，畢竟這個經歷不是每個人都有的！

而後，我又想起我過世的父親，他其實很愛寫字，總是告訴我們要多讀點書，來彌補他只有國中畢業的缺憾。還記得小時候，有時會看到父親在客廳，拿著筆記本寫下一段段文字，家中的牆壁，也用麥克筆寫上了「家，永遠是你的避風港，應該珍惜它」記憶裡的父親就是這樣一位想要寫些什麼，但卻是默默地寫在自己小筆記本裡的創作者。我想著，如果我能來出一本書，也算是能了卻他的心願，彌補他心中的缺憾吧！

所以，我做了！然後，創作的過程其實很辛苦的！透過出書這個經歷，我也才知道一本書籍背後付出的人事成本和心力時間是如此的龐大，從一開始確定合作，要擬定整本書的方向和提案大綱，提案和試寫通過後再正式簽約，這些付出才有了所謂的出版保障。然後正式進行取材和撰文，因為我並非正職部落客，平日身分為一般上班族的小資女孩，所以整本書的取材和拍攝都是利用平日午休時段和休假日才能完成，然後整理照片和撰文則多是利用下班回家後的深夜時光，有近半年的時間我都是過著異常忙碌的生活。

後來因為字數太多，有三大章文字被抽掉，在《臺南 享食 慢旅》的新書分享會中我挑選了幾篇在採訪中印象特別深刻的遺憾章節跟大家分享，也因此有了這第二本書籍《回到阿嬤時代玩臺南》的誕生！我希望透過這本書，帶大家更深入地了解臺南的古蹟、老店、老屋，體會臺南是個有文化蘊含的古都，不僅僅只有美食，更多的是老城市背後的故事，值得珍惜的歷史古蹟、近百年老屋乘載的老記憶。當然！近百年的老店小吃，也是不容錯過的，有著無法抹滅、傳承多代的懷念老滋味。另外，在後面章節，還介紹了大臺南地區的必去景點，也規劃了臺南一日、二日遊行程，都是我個人很喜歡的輕旅遊路線！你會發現只要搭乘大眾運輸及步行或是騎一台機車，就能輕鬆遊臺南。畢竟假日的臺南，塞車的嚴重情況，可是你無法想像的，別把寶貴的時間花費在塞車和尋找停車位上面喔！

希望透過《臺南 享食 慢旅》和《回到阿嬤時代玩臺南》，能帶大家認識我從小成長的城市，一起走過、吃過、住過臺南，享受在臺南的慢漫食光！也別忘了最末頁特別收錄的書迷優惠，讓大家吃住更開心:)

最後，非常感謝我的主編王國華先生、責任編輯們，為這些書盡心盡力，成功誕生！還有我親愛的家人和同事們，讓你們擔心我在寫書期間的身體狀況。

我相信文字是永恆的，能世代流傳；照片則記錄了當時的影像；這不僅是一本旅遊工具書、行程規劃、景點住宿推薦，更是我眼中的臺南，美好而雋永，陪伴我的成長，也是很多臺南人童年的回憶。

進食的巨鼠 Weiting

推薦序

臺南是個歷史文化濃厚的城市，古蹟和廟宇也十分豐富，來到臺南除了品嘗道地的小吃美食，探討古城老街背後的故事，更能為舌尖上的味蕾增添一番風味。來到臺南，不妨帶著這本美食旅遊書，走訪古蹟和百年老店，跟著臺南女兒瑋婷的腳步「回到阿嬤時代玩臺南」！

前行政院院長　賴清德

如果說臺南有什麼獨一無二的魅力，應該就是這種洋溢著生活味道的溫暖吧！保留了臺灣開臺以來的生活軌跡，城市沒有因為隨著都市化與現代化的進步而變得疏離冷漠，反而因為早先時代的生活痕跡被珍惜保留，而讓臺南不僅是臺灣第一個城市，也是臺灣人共同關於家的記憶。

瑋婷這本《回到阿嬤時代玩臺南》恰恰呈現了臺南這樣溫暖的氛圍。用「阿嬤視角」觀看今日的臺南。如果阿嬤在今天會怎麼玩臺南？要去哪裡郊遊遠足？要去哪裡扮文青？還有哪些美食合口味？而哪些穿越時光的古蹟仍然讓人留戀？

期待這樣詼諧又溫暖的阿嬤視角能讓更多人看見臺南的獨一無二，帶動旅遊臺南的流行風尚。所以，讓我們一起跟著瑋婷回到阿嬤的少女時代吧！

臺南市副市長　王時思

本書以一顆細膩的少女心，從臺南的古蹟出發，跟著阿嬤的腳步，旅食老臺南！舉凡古蹟、旅食老店、必訪景點、老屋古風民宿，老街散步大啖美食……，字語間透露懷念老臺南的情懷。

細細品味書中的情節讓人心動，就像正跟著作者和阿嬤以悠閒的心情漫步在古老的街道上，輕鬆享受老城的懷舊氛圍。

臺南市議員　邱莉莉

臺南是個好地方！有大都會的發達與便利；更有小鄉村的古樸與悠閒！居住了三十三年，我深深愛上她的多元風貌與雋永風骨。瑋婷是個道道地地的府城女兒，從小在府城的底蘊裡成長，自然是賞玩府城的頂級代言人！

臺南有三多，古蹟多、廟宇多、小吃多，多到不住上十天半月絕無法品味她的美、她的真滋真味！瑋婷在上一本著作《臺南 享食 慢旅》中，化身進食的巨鼠，搜尋出許多巷弄美食與特色旅店。這回巨鼠更欲罷不能，晉身超級阿嬤，懷著少女情思，搭乘時光隧道，古往今來，敘說著府城歷史故事、景觀亮點與美食今昔；規劃出暢遊府城的最佳動線與方式，所以擁著這本《回到阿嬤時代玩臺南》，你就能深度體貼府城臺南的溫度，你會比我更愛臺南！

中山國中退休校長　陳瑞嬌

臺南是靜止的，臺南也是跳躍的。蟄伏的古蹟無需探幽索隱，往往就在街頭轉角處等待著遊人的光臨；三代傳承的老店乘載著耆老們的回憶，同時也是遊人們下一餐的美味標的。臺南沒有令人目眩的大橋燈光秀、也沒有景觀壯闊的人造天梯；但處處蘊藏著百年風韻與現實體驗的恍然交織，絕對讓遊人深刻感動。阿嬤時代的臺南，依然是巨鼠小姐此刻身處的臺南；而本書所介紹的古蹟與老店，相信會讓讀者感受到臺南令人著迷的生活日常。

窩客島營運經理　李志豪

臺南一座歷史悠久的城市，透過巨鼠的介紹讓我們走進時光隧道回到阿嬤時代來去玩臺南，看看臺南古蹟的美與老店的真。

臺南知名部落客、臺南美食地圖創辦人　吳沅鑫

臺南古蹟與老店，是架構成現今新臺南的樣貌，讓臺南在地囝仔，帶領你們玩最深入的老臺南，吃最古早味的老臺南美食吧！

臺南知名部落客　熱血玩臺南

每個城市都會有著獨特吸引人的特色，而臺南的魅力何在！是品嘗餐桌上一道道誘人的小吃！是探索老巷弄的日常風景！也可以感受臺南老宅傳遞的靜謐慢活！放慢腳步，帶你回到阿嬤年代來感受臺南的魅力。

臺南知名部落客　花露露

看過巨鼠出的第一本臺南的書籍，裡面的內容真的滿讓人想要跟著書本一探究竟的，當巨鼠第二本書《回到阿嬤時代玩臺南》請我幫她寫序，當然二話不說答應了，因為只有聽過阿嬤年代的故事，但我從沒有用阿嬤的角度來玩臺南，所以我覺得這是一本很有趣的書籍，這本書不是熱門的打卡景點、美食，而是讓你回到幾十年前的臺南，看看這些在我們生活中還存留著阿嬤的故事和味道，我想這會是另一個你來到臺南，就不想走的原因了。

臺南知名部落客　南人幫 -Life in Tainan　佐銘

臺南，充滿古蹟和美食的漫遊城市，由巨鼠創作的《回到阿嬤時代玩臺南》讓大家重回到兒時回憶和味道不變的古早味美食，想走訪古蹟、老屋和體驗老生活的朋友，這本書絕對不能錯過！

臺南知名部落客　娜塔 Nata's Colorful Life Nata

壹

阿嬤的少女時代熱門打卡景點

臺南古蹟之旅

1

臺灣文學記憶體

原臺南州廳：國立臺灣文學館

歐式古典建築，吸引許多人駐足欣賞

❊ 國立臺灣文學館

地址：臺南市中西區中正路 1 號　　電話：06-2217201

營業時間：09:00 – 18:00　　公休日：週一、除夕、初一

大眾運輸交通資訊：

a. 由臺南火車站前站出口，或搭乘計程車約 5 分鐘車程，或沿中山路步行約 15 分鐘可達本館。

b. 搭乘 2 號公車至孔廟站（臺南文學館）下車。

c. 搭乘紅／藍線公車，至中山／民權路口下車，步行約 5 分鐘。

d. 其他路線公車之即時查詢可下載大臺南公車 App。

官網

假日，偶爾會跟阿嬤去散步，走到臺南的重要道路集結圓環處：民生綠園，阿嬤說小時候在日治時期是稱作「大正公園」，現在則是稱作「湯德章紀念公園」，紀念二二八事件的罹難律師。不過，老臺南人還是習慣稱為「民生綠園」。民生綠園集結臺南市內的七條重要道路：中正路、南門路、開山路、青年路、中山路、公園路、民生路，不難發現從很久很久以前，臺南市內的道路就是呈放射狀建設。阿嬤說，以前臺南市的重要政府機關都在民生綠園旁，而國立臺灣文學館，就是其一。如果你問七年級前段班前的臺南人，他們更熟悉的角色是以前的「臺南市政府」！

國立臺灣文學館是一座擁有百年歷史的的國定古蹟，一九一六年建造，在日治時期為「臺南廳舍」、「臺南州廳」，戰後曾為「空軍供應司令部」、「臺南市政府」，現在則是臺灣首座國家級文學館，最大的特色就是內部館藏史料以臺灣近代文學為主，是很多學生想了解或收集臺灣文學資料必來的的地方。臺灣文學的發展始於日治時期，阿嬤說起那時候的生活處於民族認同和殖民暴力下，當時很多知識分子只能藉由文學，表達民族情感和人道關懷。最有名的就是：臺灣現代文學之父「賴和」，所以這邊也能找到很多關於賴和的文學資料。不過，阿嬤也說，那時候的他們很多是沒受過基本教育的、甚至根本不識字，走在國立臺灣文學館，反而更多是欣賞這美美的建築：外觀融合磚造、石材、洗石子建築手法，帶有歐洲城堡的氛圍，卻又融合日式的典雅，是臺南有名的婚紗拍攝景點，也是遛孫子的好地方！

臺灣文學館的正面和兩側
都有衛塔，而戶外草坪，
常見親子嬉遊

不顯眼的木牌，頗有歷史古意

南門路側設有「文化資產保存研究中心」，為國家級
文化資產保存維護專業機構，兩館相通

走入臺灣文學館，裡面的氛圍瞬間由典雅轉為沉靜的文藝氣息，除了有各式的臺灣文學相關館藏外，這裡還有許多文藝展覽和教育推廣活動，並設有文學圖書閱覽區、兒童文學書房等空間，使在地民眾能以更加輕鬆的心情去接觸文學，提升個人的文化素養；室內中庭區擁有小舞臺，提供假日活動舉辦，並另設有舒適的桌椅區，提供室內閱讀或休憩。來到這裡，建築之美總讓我傾心，書香縈繞讓我靜心，遊走穿越在館內的歐式廊道之中，彷彿走過歷史的洪流，一場場的展覽讓我了解生活和文學的密不可分。

兒童文學書房可盡情享受童書之趣，還有兒童專屬遊戲室

臺灣文學館，一棟美麗的建築，展現她的百年風采和涵養。即使阿嬤看不懂展覽，也喜歡上這獨特氛圍。來到臺南，日頭正中之時，不妨來到冷氣開放的文藝之地，享受這文學和建築之美。

內部文化走廊，可見歷史紅磚牆之美，懸掛的展覽旗幟，增添歐風氛圍

2 日治時期的市民守護處
臺南警察署廳舍：臺南市美術館1館

臺南警察署有著土黃色的樸實外觀

✲ 臺南警察署廳舍／臺南市美術館 1 館

地址：臺南市中西區南門路 37 號　　電話：06-2218881

營業時間：09:00 – 17:00 ／週五、週六開放至 21:00　　公休日：週三、除夕至初二

大眾運輸交通資訊：

搭乘 1、2、6、7、10、11、高南 E08 號、高鐵快捷 H31 公車至民生綠園或孔廟站，步行約 5 分鐘內即可到達。

備註：其餘路線即時查詢可下載大臺南公車 APP。

官網

跟著阿嬤走在南門路上，靠近圓環處，這邊有知名的景點：臺灣文學館、臺南孔廟、府中老街等，而想跟大家介紹的「臺南警察署廳舍」，是日治時期所建造的，為直轄市定古蹟，二次大戰後改名為「臺南警察署」，在二〇一一年則規劃為「臺南市美術館1館」，直到二〇一八年底正式完工、試營運，二〇一九年一月二十七日正式開館。

提起臺南警察署廳舍，我和阿嬤更有印象的是後來的「臺南市警察局」，是臺南市民的守護基地台，當初為了統一成警察局的代表顏色，所以將臺南警察署廳舍漆成磚紅色的建築，現在為了恢復古蹟的原貌，於修復改建為臺南市美術館1館時又特地洗掉紅漆，回到原本的土黃色外觀。

臺南市美術館1館內部包含了兩棟建築：舊臺南警察署廳舍和新典藏大樓，新舊融合、非常奇特！館裡有不少展覽，其中建築修復展，是介紹臺南警察署廳舍的修復過程和建築原件展出；典藏捐贈展，則是展出各界捐獻的美術作品。新典藏大樓的二樓，可以更明顯地看清新舊建築的融合，現代感十足的天花板也值得觀賞。白天參觀，可以欣賞這光影之美，這邊也是大家入館必拍的網美打卡點之一。如果你從友愛街、南門路口的大門觀看，正面這棟就是臺南警察署廳舍，由日治時期的知名建築師—梅澤捨次郎設計所建，他也是臺南第一家百貨公司「林百貨」的建築師。大家可以留意臺南警察署廳舍的建築特色：大山形素燒十三溝面磚、屋頂山牆造型、勳章飾、一樓方窗、二樓圓拱窗，主要為裝飾風藝術（Art Deco）式樣。

大家不妨來看看，由臺南警察署廳舍變身為臺南市美術館1館的現代美術館，是好看好拍又充滿知性的臺南新景點！

從大門外觀就可見不同的窗戶設計，為該建築特色之一

建築本身使用裝飾風的多種紋樣飾帶，低調外觀下帶些優雅的華麗

1930 年代公共建築與校園的牆面常使用十三溝面磚

南門路側的牆面，被網友譽為：像走在歐洲街道般浪漫，是網美外拍熱門地點

一入門就可見寬敞氣派的石梯

館內提供紀念章蓋章 DIY

顏水龍大師的馬賽克拼貼畫《熱帶植物》，為南美館的鎮館之寶

美術館 1 館的建築修復展，是介紹臺南警察署廳舍的修復過程和建築原件展出

走入中庭花園區，有棵巨大老樹

新典藏大樓可看見臺南警察署廳舍舊牆面，
被包含入新建築體的特殊景象

走到新典藏大樓的二樓，可以更明顯地看清新舊
建築的融合

二樓有中庭，可俯瞰一樓庭園區

3

南區氣象中心古蹟文物展示場

氣象觀測的胡椒管：原臺南測候所

原臺南測候所的外觀特殊，俗稱「胡椒管」

※ 原臺南測候所

地址：臺南市中西區公園路 21 號　　電話：06-3459218

營業時間：09:00 – 17:00　　公休日：週六～日

大眾運輸交通資訊：

a. 搭乘 1、2、6、7、10、11 號公車於民生綠園站下車後，步行 2 分鐘（約 170 公尺）。

b. 搭乘 14 號公車於吳園站下車後，步行 2 分鐘（約 140 公尺）。

官網

走向民生綠園的公園路口，可見醒目的建築旁有著白色高塔，那就是「原臺南測候所」。阿嬤說這是用來觀測氣象的建築，正中央寬煙囪形狀的塔樓就是風力塔；這裡也是全臺保存良好的歷史性測候所（亦為臺灣的國定古蹟），也是臺灣現代氣象觀測的啟蒙地，是值得保存研究的日治時期擬洋風老建築藝術。因為原臺南測候所建築的歷史悠久，往二樓的樓梯比較老舊且狹窄，所以只開放一樓的部分提供參觀。來到這裡，大家也可以跟著語音與真人影片導覽APP或現場導覽人員，更加了解它的建築特色和歷史喔！

白色觀測坪，裡頭會放置觀測氣象儀器，此為展示用

建築地基高於地面，內部天花板保留通氣孔

古蹟內保留許多百年來的觀測儀器和辦公工具

原臺南測候所內部可聞到檜木香氣，其傳統工藝「木條灰泥天花板」建造費工特殊

整個原臺南測候所必看、必留意的主要建築特點有：三個同心圓的建築主體、十八角樓造型的十八邊形放射狀屋簷、上下推拉式的日本傳統木窗、黑色玄武岩、外牆十三溝紋磚、加高的地基，足以見日本人在設計此建築時的巧思。走到內部，能循著圓形步道，參觀建築的木條灰泥天花板、古早的辦公室和媒體室，還展示有各種老舊氣候觀測儀器，寓教於樂，非常值得大家前往。但是，請務必留意！原臺南測候所為公家單位，所以只有平日才有開放入場參觀！

原臺南測候所的隔壁就是中央氣象局臺灣南區氣象中心，裡頭設有氣象科技展示場，又有氣象博物館之稱。我還記得國小的自然課就是來這進行校外教學，當時這邊仍是臺南觀測氣象的重要中心，老師帶著班上同學們一起到旁邊草地觀賞白色的氣象觀測坪和百葉箱，隨著科技的進步，氣象觀測儀器越來越先進，現今的孩子們大概很少看到了！現在的氣象博物館則是以教學為主要用途，裡面有與氣象知識相關的多種互動式體驗，學校師生偶爾會來此進行戶外教學，有些家長也會帶孩子們來參觀，是個歷史、教育意義兼具的地方古蹟。

4

五層樓仔：林百貨

擁有日本神社的臺南市末廣町

傍晚的林百貨，已點起了外牆的燈

※ 林百貨

地址：臺南市中西區忠義路二段 63 號
電話：06-2213000
營業時間：10:30 – 21:30（全年無休，除夕休半天）
大眾運輸交通資訊：
a. 搭乘 1、7、19、紅 2、紅幹線號公車於林百貨站（中正路）下車。
b. 搭乘藍幹線於林百貨（忠義路）站下車。
c. 搭乘 88、99 號觀光公車於林百貨／鄭成功祖廟站下車（即時查詢可下載大臺南公車 App）。

官網

在民生綠園圓環附近的林百貨，阿嬤說在她那年代是稱作「五層樓仔」（其實加上頂樓，共有六層樓），也是在日治時期（一九三二年）建立的。在那個時候，林百貨可是臺灣第二間、南臺灣第一間百貨公司，現今則是全臺灣唯一保留神社的百貨公司！由於位置就在日治時期的臺南市末廣町二丁目，所以頂樓的神社稱為末廣社或末廣神社。在當時，是最高樓之一，擁有電梯、手提式鐵捲門等當時極少見的現代化設備，而且電梯是很特別的「指針式電梯」，是南臺灣第一間擁有電梯的百貨公司，那時到林百貨坐「流籠」（電梯之意）更是臺南人蔚為風潮的休閒活動呢！後來，林百貨經過第二次世界大戰，一九四五年的空襲大轟炸，屋頂和樓頂被美軍飛機掃射，現在已修補，但是還是可以見彈孔等痕跡！

林百貨對面的土地銀行是日治時期重要的銀行之一，現在的婚紗拍攝熱門場景

阿嬤見證了林百貨歷經歲月更迭，繁華和沒落，在我就讀國小時，每天放學經過也曾看到林百貨廢樓的頹圮模樣，直到一九九八年被列為市定古蹟，二〇一三年整修後才以「臺南在地文創百貨」的新面貌跟世人見面。現在每個樓層擁有不同的主題，展售不同的文創設計和商品，各具特色！在這裡特別提到，林百貨斜對面的土地銀行臺南分行為日治時期的舊建築（前身為日本勸業銀行臺南支店）也值得一看，整棟建築融合異國氛圍，被稱為極出色的歷史金融建築。天花板的燕窩巢，也是極大的特色！

一樓的「臺南好客廳」
主打：在地良品／伴手禮／茶飲／奉茶

一樓有多樣伴手禮和古物收藏的展示

每個樓層都有大、小兩個樓梯可通行

有各式紀念章提供蓋章留念

刻意保留的「指針式電梯」，其原件及說明則展示於牆面

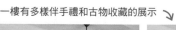

三樓的「臺南好時尚」
主打：摩登設計／新藝選搭／生活創意／香氛保養

二樓的「臺南好設計」
主打：文創好物／工藝設計／品味嚴選／賞玩趣味／花藝

布置主題：鳳凰花下的城市，重現老文人筆下的滿城鳳凰花開的優雅意象

特色主題：沙鯤漁火，利用鏡面反射呈現人與歷史空間共存的時空錯置

四樓的「臺南好文化」
主打：林聚點藝文空間／林咖啡／風格美學／風潮音樂

商店外另有藝文空間，播放林百貨的歷史影片；原電梯僅存兩扇門板也展示於此

洗石子老梯，旁開通氣孔，為當時常見的設計

五樓的「臺南好美味」
主打：臺灣特色小吃

五樓主要為餐廳和伴手禮店鋪

美味的「宇治抹茶霜淇淋」，抹茶味道醇厚且不甜膩

頂樓牆面可見美軍機槍掃射的痕跡

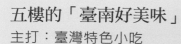

林百貨夜之美

文創商店提供紀念商品選購，也能現場郵寄明信片

六樓的「臺南好風景」

主打：HAYASHI Shop／神社／觀景臺

林百貨擁有不同日夜之美，白天可至頂樓神社一覽臺南的街景風華，傍晚可從頂樓看見天邊的日落彩霞美景，夜晚則能感受那一盞盞亮起的溫暖黃燈所襯托出的老建築之美，無論是白天或是傍晚或是夜間，各有不同的美！也吸引許多攝影同好前往拍照留念。

「末廣神社」視野遼闊，可盡覽臺南中西區之美，傍晚可遠眺夕陽

5 清朝時期的臺灣孩童教育所
臺灣府學：臺南孔廟

臺南孔廟內古色古香的景色

臺南孔廟

地址：臺南市中西區南門路 2 號
電話：06-2214647
營業時間：08:30 – 17:30（除夕休息）
大眾運輸交通資訊：
a. 搭乘 2 號公車於孔廟站下車。
b. 搭乘 88 號觀光公車於孔廟（臺灣文學館、臺南市美術館 1 館）下車、99 號觀光公車於建興國中（孔廟）站下車（即時查詢可下載大臺南公車 App）。

官網

為了紀念孔子對教育的付出，在全臺各縣市多有設置孔廟。臺南孔廟則為全臺灣第一座，一六六五年建立，至今已有三百多年的歷史，是臺灣最早的文廟，現在則是國定古蹟。對阿嬤和我來說，臺南孔廟陪伴我們成長，因為小時候阿嬤會帶我們來這邊運動，跟著一群阿公阿嬤一起跳會場舞或是練氣功。

說到臺南孔廟南門路大門前的「全臺首學」牌坊，大家不得不知「臺南孔廟」在清朝初期是全臺灣唯一童生入學的地方，頗具歷史和教育意義；大門右側則有一個「下馬碑」，寫著：「文武官員軍民人等至此下馬」，顯示對孔子和孔廟地位的尊重和崇敬。更值得一提的，它是全臺文廟中唯一擁有「泮宮石坊」並保存的相當完好、具有歷史意義，但是非常有趣的是後來因道路的規劃，泮宮坊與泮池卻相隔了一條馬路，隔著馬路和紅磚牆遙遙相對！

臺南孔廟不像一般孔廟嚴肅莊嚴、少人到訪，反而滿受附近居民的歡迎，平日挺熱鬧的！一般遊客初見臺南孔廟，通常被它的綠樹滿蔭和紅色磚瓦牆面所吸引，更特別的是，因為它與忠義國小的操場和校區位於同一個街廓，無論平、假日，都吸引滿多民眾前往運動或散步，所以在當地臺南人心中反而像是自家院子般讓人覺得輕鬆自在，也是古蹟融入生活的最佳代表。

而以臺南孔廟為主的「孔廟文化園區」，其範圍包括：全臺首學的孔廟、泮宮石坊所在的府中街、位於府前路的德化堂、樹林街的大南門城公園、南門城遺址、五妃街的五妃廟、開山路的延平郡王祠等，都是鄰近的古蹟景點，除此之外，大家可以到對面的府中街走逛，多種在地美味小吃和文創攤販都值得一訪，也能到隔壁的忠義國小內走走，可發現許多具有歷史意義的建築遺跡，想吃水果的話，轉角的府前路就有知名的莉莉水果店，都值得大家慢慢的漫遊一番。

孔廟的紅色牆面特別有古味

通過泮宮石坊，就是知名的府中老街

府中街景，有多種文創和特色攤位，值得好好慢遊瀏覽

孔廟旁的忠義國小內也有多樣歷史古蹟，如成功泉、原臺南神社事務所，還有一座日晷隱藏於校園內，富含教育意義

偶爾會有裝置藝術的展出，成群白羊在綠色草坪上，好看又好拍

6 荷蘭人興建的番仔樓
普羅民遮城：赤嵌樓

※ 赤嵌樓
地址：臺南市中西區民族路二段 212 號
電話：06-2205647
營業時間：08:30 – 21:30（除夕休息）
大眾運輸交通資訊：
a. 搭乘 3、5 號公車於赤嵌樓站下車後，步行 1 分鐘（約 30 公尺）。
b. 搭乘 88、99 號觀光公車於赤嵌樓站下車（即時查詢可下載大臺南公車 App）。

官網

赤嵌樓為臺南中西區居民從小就熟悉的古蹟之一，阿嬤說他們以前都稱「番仔樓」，因為「赤嵌樓」是荷蘭殖民時期（一六五三年）所興建之歐式建築「普羅民遮城」，荷蘭人給阿嬤們的印象就是紅頭髮，所以又稱「紅毛樓」。普羅民遮城在當時，對荷蘭而言，是非常重要的臺灣全島統治中心。日星月移，隨著歲月和政權的交替，普羅民遮城不被使用而頹圮，在清朝時期，殘破的普羅民遮城旁建造了其他建築，如大士殿、海神廟、蓬壺書院、文昌閣、五子祠等建築，才讓原本殘破的赤嵌城址增添了雄偉壯觀之貌；尤其是大士殿，更是首次在荷式城堡旁出現的中國清式樓閣建築，在當時是非常特別的景象；兩樓閣間有一古井，傳說中可通往安平的熱蘭遮城。赤嵌樓至今已經有三百多年的歷史，多次的增修，在臺南古蹟內屬於保存較良好的，現在則是國家一級古蹟，備受珍惜和重視。

跟著阿嬤走進赤嵌樓，你可以發現園區內綠蔭點綴，大塊草坪，一直是當地人從小到大的休閒場所。小時候爸爸如果說要去散步，都是帶我們在臺南各大古蹟走走逛逛。你可以走進赤嵌樓看看先人的智慧，欣賞幾百年古建築之美，如華麗飛簷、葫蘆狀拱門等，也可以只是隨意走走，享受綠意，走到小橋旁看著大尾錦鯉在水中悠游，微風徐徐，感受這三百年建築的古今融合的輕鬆氛圍。在假日傍晚或夜間，有時會舉辦音樂會，在地居民會聚集前來感受音樂飄揚之閒情！大片草坪上，有時會有政府團體合作舉辦的裝置藝術，曾經見到一片白白胖胖的羊群裝飾其上，吸引大批民眾前往觀賞拍照！

有時，古蹟的存在看似無實質價值，實際上除了保留老物、古代建築工藝、歷史價值外，也是在地人的休閒之處。臺南人之幸福，在於生活在此古都老城之中，走到哪都能體驗那百年前的街道建築，遙想那古人生活，感受其懷舊氛圍！古蹟融入生活，是臺南人的生活寫照。

九塊石龜之御碑（贔屭碑），為赤嵌樓著名的地標，背後有段精彩的歷史故事

園中可見幽美的庭園建築和圓形拱門

赤嵌樓園區內的某個角落，有一殘破的城垣，是僅存的普羅民遮城遺跡

蓬壺書院的門廳是書院中保存良好、較具原始風貌的清朝時期建築

赤嵌樓的建築特色「華麗飛簷、葫蘆狀拱門」等

延平郡王祠的祠堂四周有著漂亮的亮紅色廊道，融合日風的福州式建築，有著古代迴廊之美

7 開山神社：延平郡王祠

臺灣第一座日本神社

延平郡王祠

地址：臺南市中西區開山路 152 號

電話：06-2135518

營業時間：08:00 – 17:30（全年無休）

大眾運輸交通資訊：

a. 搭乘 H31、紅 3 號公車於延平郡王祠（開山路）站下車後，步行 1 分鐘（約 100 公尺）。

b. 搭乘 6 號公車、99 號觀光公車於延平郡王祠（府前路）下車（即時查詢可下載大臺南公車 App）。

官網

走在開山路和府前路口，可以看見一尊非常高大的雄偉石像，是鄭成功騎在馬上威風凜凜的樣貌！這裡就是「延平郡王祠」又稱作開山王廟或鄭成功廟，顧名思義，這裡就是祭拜臺灣開山始祖鄭成功的紀念祠，也是臺灣少見的福州式建築。阿嬤一邊走一邊講古，說起鄭成功的豐功偉業：當時鄭成功是明朝有名將領，在荷蘭殖民時期，趕走了荷蘭人。當地人為了紀念鄭成功的功德，便為他建造了一個祠堂小廟，後來又發展成開山王廟，到了日治時期又變成了開山神社。而這也是日本人在臺灣最早設置的神社，更是非常少見把當地的廟宇改為神社的特例。

從明朝（一六六二年）建立至今，已有三百多年的歷史，不過我們現在看到的延平郡王祠因改建多次已不是當初的原始模樣，也因此延平郡王祠雖然擁有悠久的歷史，卻不被列為古蹟，一直到後來的現在，才被登錄為臺南市第九座歷史建築。

還記得小時候和阿嬤來這裡，整個園區四周是有牆面圍住，而且是售票入場的，近年來政府才拆除圍牆，讓古建築完全融入在地生活，改為免費開放入場，也因此成了附近居民散步運動、遛小孩的好去處。大家現在看見的延平郡王祠，是由祠廟本身、庭園、鄭成功文物館組成，整個園區範圍不算小。其中保留了非常豐富的珍貴古文物，尤其是清代楹聯為數眾多，例如沈葆楨手書，可見其筆力雄渾、意義雋永，極具歷史價值。這裡還可見小橋流水的庭園造景，不時可見父母帶著小孩們來此散步玩耍。大家可以慢遊園區，日治時期所留下的神社鳥居石坊、石燈籠，濃濃的中國風格中融合了日式建築，值得細心體會！

外圍就有 T-Bike，交通十分便利

鄭成功騎馬石像，雄偉氣概，象徵居民的守護神

園區內有著雅致的庭園建築

日本「開山神社」目前只剩「鳥居石坊」留存在園區內

園區這有座古井，至今仍可取水

延平紀念品商店，販賣各式古蹟紀念商品和文創小物

延平郡王祠園區內另外有個鄭成功文物館，收藏許多臺南歷史文物、府城舊時的生活用品（如街牌、眠床、地契、銀票等），也有與府城相關的先賢古人（如鄭成功、沈葆楨）的畫像或遺墨。偶爾還有不定期文藝展覽合作展出，極具歷史和教育意義。

鄭成功文物館，除了有豐富的古物展示外，另有定期展覽

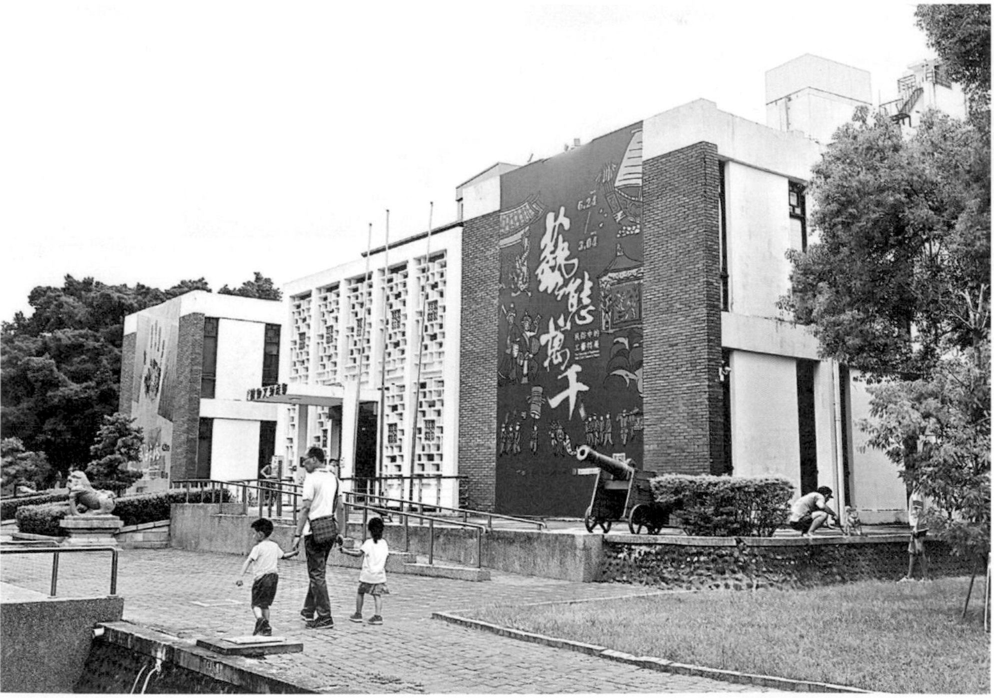

8

臺灣府城大南門

全臺灣唯一僅存的甕城

大南門城之外觀

臺灣府城大南門

地址：臺南市中西區南門路 34 巷

電話：06-2953407

營業時間：09:00 – 17:00（全年無休）

大眾運輸交通資訊：

搭乘 2 號公車於大南門城站下車後，步行 1 分鐘（約 30 公尺）。

官網

位於南門路和樹林街交叉位置，遠遠可見一座古老城門，水泥色高聳城牆上可見紅磚色雄偉建築，這就是大南門城，全名為「臺灣府城大南門」，又稱「寧南門」，建造於一七二五年，是清朝時期臺灣府城的十四座城門之一。近三百年的歷史，現在是中華民國直轄市定古蹟（原三級古蹟）。說到這大南門城，不只是阿嬤到處走逛、跟姐妹們偶爾聊天的地方，也是我學生時期美術課常來寫生的景點。因為鄰近當時的男校建興國中、女校中山國中，每當女校生來此進行寫生課時，就會看到男校生在城牆旁吹著口哨呢！這應該是兩校學生時期裡非常有趣的回憶！

在古時候，一個城市的防守要衝，就是所謂的「城門」，在保家衛國、軍事防衛上擔任非常重要的角色！整個臺南府城原有五座甕城，有「寧南門」之稱的大南門城，是全臺灣唯一一座目前僅存的甕城，其他四座：大北門、小北門、小東門及小南門現都已消失。所以大南門城無論在歷史意義或是建築考究上，都有著其重要性！

甕城為兩道城門、攻守兩得的古城門設計。如果從大南門的外門進入，可見外門上寫著「大南門」三字，走進內部會看到半圓型的內城，內城門上寫著「寧南門」，其實這才是大南門城真正的城門口！大家可以循著半圓型廣場旁的階梯往上走，就能到達大南門城的城樓上方，站在大南門城池上視野遼闊，可以想像古代將士站在此一覽整個南門風光的景象。

整個大南門城，結合了前方的大片草地，目前規劃為社區公園，所以可見民眾來到這裡運動遊玩，十分愜意！大南門城園區的草地可見碑林亭區，名為「南門公園碑林」（俗稱：大碑林），是一九三五年日本人為了舉辦臺灣博覽會，蒐羅了臺南市各時期的歷史古碑來此陳列展覽，數量豐富的古碑也是研究臺南歷史的重要資料呢！

半圓型內城有內門「寧南門」，才是真正的大南門城門口

碑林亭區，收藏了臺南市各時期的歷史古碑

臺南市南門電影書院外觀

書院外方的巨大錄影帶裝置藝術，吸引很多人前往合影

臺南市南門電影書院一樓區域，展示早期的電影文物設備和放映精選電影

二樓則保留了日治時期的榻榻米和室，可入內參觀

園區內的角落還有另一座市定古蹟「臺南市南門電影書院」（原臺南放送局），整個建築特色為臺灣建築進入現代主義的過渡期作品，是非常特別的具有現代主義風格的洋風住宅，大家可以走進去瞧瞧！目前此古蹟由政府委託「國立臺南藝術大學音像紀錄與影像維護研究所」經營，內部除了觀賞建築本身特色外，還有影像紀錄的歷史儀器展出，每日也會播放精選電影，附近有不少民眾都會前往觀賞喔！

現場提供紀念章，可蓋印留念

大東門可以走進去好好參觀

9 臺灣府城大東門
向農業致敬的迎春禮

臺灣府城大東門
地址：臺南市東區東門路一段和勝利路口
營業時間：全天候
大眾運輸交通資訊：
搭乘 3、8085、紅 1、紅 2、紅幹線號公車於東門城站下車後，步行 2 分鐘（約 100 公尺）。

官網

臺灣府城大東門在阿嬤的少女時代，是每天都會經過、習以為常的存在，走過、路過，卻沒給它放在心裡過。不只是阿嬤，直到現在，大家常常騎車、開車經過，卻只是把這處古蹟當作個圓環、交通標的，而忽略了其歷史價值和意義。以前的都市四周會建造城牆保國衛民、防禦外敵，而位於東門路和勝利路有座巨大的古城牆門「臺灣府城大東門」，為中華民國直轄市定古蹟。對現在的臺南市民來說，屬於無聲的存在，但對這座古老城市來說，卻是風光存在的證明。

大東門以東門圓環形式座落於多條道路交會處中央，是臺南市的交通地標之一。此處車水馬龍，若循著圓環邊走，在接近府連路口處才能發現有條斑馬線，鮮少人知，從此就可以走到城門的入口，進到圓環正中央拍照。因為缺乏交通號誌指示，大家記得留意來往車流，小心行走。走進圓環正中央，你可以發現「臺灣府城大東門」城門前有著不小的廣場腹地，擺放了二十四節氣神祇石像，有著非常神祕的氛圍，是臺灣現存最具規模的城樓，也是古蹟融入生活的最佳典範。兩側草地內還有兩座牧童牽牛雕像，象徵著臺灣府城的「迎春禮」，此禮是以前農業社會用來祈求風調雨順、收穫滿倉，此由來很少人知道呢！

大東門，又稱「迎春門」、「東安門」，這是因為此處位於古地稱的「東安坊」，也是古代「迎春禮」舉辦處，還是清朝臺灣府城的十四座城門之一。記得到訪臺灣府城大東門時，務必仔細觀看東側和西側拱門上有此兩別稱的石刻字，極具歷史價值和意義。作為臺灣府城的大東門曾經嚴重毀損，修復後的城樓上方窗型擁有多種變化：書卷、扇形、方型、八角形等多種古窗，十分講究。

大東門城門、紅柱
白牆、橙瓦燕尾

城門可通行，但已無法登上城樓

附近的巷弄藏有不少美食店家，我最推薦的是「Cape 開普一號」，餐點種類豐富，有早午餐、義大利麵、披薩、甜點等多樣選擇，走訪臺灣府城大東門後，可以走進旁邊巷弄內品嘗美味的餐點，休息喝午茶也是很不錯！

❊Cape 開普一號
地址：臺南市東區東門路一段 267 巷 1 號
電話：06-2087120
營業時間：09:00 – 18:00（全年無休）

官網

代表二十四節氣神祇雕像

大東門城門前方有兩座牧童牽牛雕像，
象徵臺灣府城的「迎春禮」

因城門在現代已失去用途，故只剩下歷史意義和紀念用途，平日的大東門被車潮圍繞，鮮少人走進觀看，有著蕭條之感，唯城門前的紅花綠葉鮮豔的盛開著，帶來一絲絲的活力與風采

10

日本皇族在臺南的御泊所

原臺南縣知事官邸：臺南知事官邸

原臺南縣知事官邸的巴洛克建築，和洋相融的典雅之美。原擁有高聳的圓型山牆，後遭美軍轟炸後無法修復，因此在招牌上融入「鐘樓」的創意設計

※ 臺南知事官邸

地址：臺南市東區衛民街 1 號　　電話：06-2367000

營業時間：10:00 – 18:00　　公休日：週一

大眾運輸交通資訊：

搭乘 3、紅 1、紅 2、紅 4、紅幹線號公車於縣知事官邸站下車後，步行 2 分鐘（約 200 公尺）。

官網

這次巨鼠跟阿嬤一起來看日治時期的時鐘樓，說到這「時鐘樓」，是因為原本的建築擁有時鐘來報時，再加上建築的圓弧山形外觀遠看也像個時鐘，所以居民都這樣稱呼。而正確名稱是「原臺南縣知事官邸」，於一九〇〇年建造，一九九八年時被列為臺南市定古蹟，也是以前地方知事的官邸，在日治時期為日本皇族外出時的御泊所。原臺南縣知事官邸是南臺灣唯一提供給日本皇族居住的行館，另外兩座接待皇室用的官邸則是在臺北和臺中，臺北的「臺北總督府官邸」為國定古蹟，現稱為「臺北賓館」，而「臺中縣知事官邸」則已經被拆除。

此處是臺南近年來的新興熱門景點之一，是政府整修後再開放給民眾的古蹟景點。古蹟結合在地文創和餐飲，加上優美的靜謐環境，吸引不少文青人前往走逛，有時還會跟官邸內店家合作推出戶外草坪野餐活動，或是創意市集呢！

日治時期的紀念字牌

微城市的塔樓裝置藝術，裝飾著中庭和廳室門口

一樓有文創店家和餐廳，提供各式文創商品的選購

一樓入內可見整面書牆，其書籍皆可閱讀與選購

現場有紀念章，提供蓋章留念

循著古老的木質樓梯，即可前往參觀二樓展區

原臺南縣知事官邸裡除了可觀賞這華麗的巴洛克建築，和洋相融的典雅之美，內部也有在地文創商店、家居用品展示；還有咖啡廳提供早午餐、異國料理、咖啡茶飲等，可以在古蹟內用餐享受悠閒的「食」光。走至二樓的知識沙龍可參觀「太子室」，展示了日本裕仁皇太子停留於此的影像紀錄、其起居室的空間擺設與古董傢俱！另外，官邸內有許多藝術裝置，出自知名設計師：劉國滄老師的獨特設計，如復古風扇、旋轉梯造型木櫃、木製圓拱置物櫃、迴廊、屋頂等，讓你盡情享受一個充滿知性和美感的靜謐時光。

↖ 二樓一隅

↖ 二樓另一區為在地家居品牌，現場有豐富的傢俱、家飾等展示

↖ 封閉已久的太子室，現已開放參觀

↖ 此處提供單車租借服務

↖ 二樓廊道的牆壁側特意保留整修前的建築痕跡，具有歷史意義

臺灣府城巽方炮臺外觀保存完善

11 臺灣府城巽方炮臺

全臺僅存內陸炮臺

臺灣府城巽方炮臺

地址：臺南市東區光華街 10 號

營業時間：需配合禪院開放時間（下午四點之前為佳）

大眾運輸交通資訊：

搭乘 0 左（右）、70 中華環線公車於大東夜市站下車後，步行 3 分鐘（約 260 公尺）。

官網

炮臺有石梯可走到二樓平臺，樓梯旁為三合土填縫的咾咕石牆

炮臺頂層

臺灣府城巽方炮臺是在一八三六年所建成的臺南古蹟，在清朝時，可是臺灣府城東外護城垣的重要炮臺，用來防衛和保護大東門外的居民。阿嬤說，他們以前都不知道這個「臺灣府城巽方炮臺」是古蹟，只覺得是在廟裡有個很老舊、奇怪且格格不入的石頭牆。

不知道大家是否跟我一樣對「臺灣府城巽方炮臺」這個名字充滿疑問呢？因為命名感覺很特殊，查閱歷史才知道，原來是因為炮臺的位置位於城的東南方，剛好在八卦中的「巽」位，所以才被取作此名。它還有一個別名「巽方靖鎮」，現在是中華民國直轄市定古蹟（三級古蹟），更是臺南市內僅存的一座內陸炮臺，在歷史上具有很重要的意義。

我們眼前所見的巽方炮臺，並不是它原本的樣子。因為在日治時期，城垣皆毀損，炮臺則荒蕪棄置，一直到一九四九年後，目前的修禪院承租此地建造房舍，巽方炮臺便被納入在修禪院的庭園範圍內，經寺廟整建維護後，就是如今我們所看到的樣貌。也因為它所在的位置是在巷弄內的私人土地上，所以鮮少人知，且參觀時間須配合禪修院的日間開放時間，算是臺南古蹟中最不受重視和維護的一座，不禁感受到一個百年古蹟保存之不易，身為後人的我們，更該好好去珍惜這些走過悠久歷史的老建築！

若想一窺臺灣府城巽方炮臺，請於白天時段前往禪修院，由禪修院入口進入，往左側走即可見。巽方炮臺是一座方形平臺，由硓古石（珊瑚礁）砌成，正面拱門上方隱約可見有道光年間所題「巽方靖鎮」字樣，現在則被加上「修禪院」三字的字牌，感覺有些突兀，且有破壞古蹟之疑慮。如果你從炮臺外側的觀察背面，可以看見古代時期的

↖ 炮臺側邊外面可見炮管的炮孔

發射開口還存在著呢！如果你想走到炮臺樓上，就要循著左側平拱門，沿著花崗石臺階而上，便可到達頂層。現在的炮臺上方，看起來就是一座殘存的水泥平臺，禪修院製作了一座白石桌椅，據說這是當初禪修院承租後於古蹟上方私做的涼亭。

從禪修院的後方停車場，可見炮臺，但若是禪修院未開放時間，大家就只能隔著鐵柵欄遙望了

禪修院外觀

炮臺的正後方一貌

12

臺灣府城城垣小東門段殘蹟

成大校園內的百年舊城牆

臺灣府城城垣小東門段殘蹟旁就是被搬運來此保存的「小西門城」，景色清幽，古色古香。前方落有古蹟紀念石碑

※ 臺灣府城城垣小東門段殘蹟

地址：臺南市東區大學路 1 號（實際位置在勝利路上）

營業時間：全天候

大眾運輸交通資訊：

搭乘 2、5、6、19、70 中華環線、綠 17、橘 12 號公車於成功大學站下車後，步行 3 分鐘（約 220 公尺）。

官網

國立成功大學，是全臺許多學子夢寐以求的明星大學。大家可能都只注意到成功大學的寬敞腹地和眾多校區，卻沒注意到隱身於校園內的數個古蹟。跟著阿嬤來到光復校區的大學池旁，可一次觀賞兩座歷史建築：國家三級古蹟「臺灣府城城垣小東門段殘蹟」及歷史城門古蹟「小西門（靖波門）」。

臺灣府城城垣小東門段殘蹟是臺南舊城垣現存最完整，也是最長一段的城垣，極具保存價值，現為直轄市定古蹟（三級古蹟）。可惜的是，西元一九六六年成大校園進行擴建時，拆除了南段小東門城垣，變成了目前見到的兩小段城牆殘蹟，導致城垣間有個缺口，剛好位於中西區的小西門，因為原位址妨礙交通、影響都市計畫發展，被迫遷移。也因此，成功大學同意小西門搬遷到兩小段的小東門城垣殘蹟中間，當作一個門，形成了兩座古蹟共存的有趣景象。

為了讓大家更全面的觀賞臺灣府城城垣小東門段殘蹟，成功大學特意建造了一座高架參觀走道橫跨在小東門段殘蹟南段城垣的東西兩側，大家可以走上高架步道，於高處欣賞古城牆全貌。別以為只有這樣喔！一到夜晚，學校特意在城牆與老樹之間設燈打光，增加了夜間照明，因此就算入夜，仍能欣賞到小東門段殘蹟之美，別有一番朦朧的意境。「臺灣府城城垣小東門段殘蹟」可說是擁有日夜兩種風情的古蹟呢！

小西門的城門兩側其上方匾額分別寫著「小西門」和「靖波門」，其方向在搬運時被放相反

「小西門」

靖波門，是清朝臺灣府城十四座城門之中的小西門，也是臺南正城八門之中最晚修築的城門。後來因為政府的道路拓寬政策，面臨了拆除危機，因國立成功大學願意接收保留，後被遷移至校區內。但是城門遷移時誤將門樓與門洞反置，所以大家現場看到的城門，是相反方向的，實際上「小西門」應在馬路側，「靖波門」則是要面對成大校園區，才是正確的方向。

走到小西門城門下方，可以看到城門的石柱和石碑，很有歷史價值

紅磚堆砌而成的小西門，多了鳳凰花開的陪襯，更加古色古香

臺灣府城城垣小東門段殘蹟

臺灣府城小東門是臺灣府城的十四座城門之一，又稱「鎮東門」。日治時期初被拆除，一九八五年在城垣南端發現了小東門遺址，旁邊尚有小東門城垣遺跡。整體城牆僅存成大光復校區內一九五公尺，而其間尚有缺口八公尺。

小西門的另一側是臺灣府城城垣小東門段殘蹟的北端

所幸有老樹樹根盤結於上，穩定了城牆殘蹟

小東門城垣殘蹟的右前方，放有兩尊道光、同治年間鑄造的古銅炮

高架參觀走道橫跨在小東門段殘蹟南段城垣的東西兩側，可登高欣賞古城牆全貌

臺灣府城城垣小東門段殘蹟的高處景觀

13 烏鬼井

乘載臺南貿易的歷史記憶

烏鬼井為鮮少人知的歷史古蹟，因其位於巷弄偏僻處，特去找尋；並期望文化局能夠重視古蹟的維護，呼籲民眾勿在此丟棄垃圾

烏鬼井

地址：臺南市北區自強街 146 巷 10 號

營業時間：全天候

大眾運輸交通資訊：

搭乘 11 號公車於忠義路口站下車後，步行 2 分鐘（約 190 公尺）。

官網

今天跟阿嬤來到鎮北坊文化園區，很多人不知道這是哪裡，這園區主要位於臺南市北區，大約是西門路三段、成功路、北門路、公園北路四條路圈起的範圍，此區域有滿多廟宇和古蹟散布在巷弄之內，且多建自清朝乾隆期間。在清朝時期，鎮北坊是當時的行政官署與軍事重鎮，也因此此區域有一些有趣的地名，例如大銃街（現名為：自強街）、總爺街（現名為崇安街），都是具有軍事象徵的街道名稱呢！此區域也有一些知名的景點，如開基玉皇宮、大觀音亭、烏鬼井、舊來發餅舖、鴨母寮市場等，而這次巨鼠和阿嬤想介紹的，則是較少人知曉的「烏鬼井」。

「烏鬼井」位於自強街內非常不顯眼的地方，是巷弄中的小巷弄內，而不是在大小路邊。走進自強街，循著街景地圖往巷中小路內尋找，這才發現到一口古井，兩旁分別為棄置土地和民房。古井已被封口，僅剩下旁邊的古蹟立牌，訴說著此井的歷史價值和意義。

如果你追溯烏鬼井的歷史，建成年代不可考，學者判定大約在一六五三年（明朝永曆年間），就位於當時的鎮北坊。烏鬼井的名稱很特別，據說當初是荷蘭東印度公司命令印尼班達島土人所建蓋，但因為班達島土人的膚色黝黑且頗識水性，所以班達島土人在當時另有「烏鬼」之稱，也因此由「烏鬼」所建之井，就被稱作「烏鬼井」。是不是很有趣呢？

而烏鬼井並不是一直被使用著，它曾經在日治時期被填塞棄用，是到後來才又重新挖掘，修復來提供給當地居民使用。如果大家去查詢烏鬼井的歷史，就可以知道這口井有豐沛的水源，而且井水非常清澈，再加上來往府城的商船常在這汲水取用，是當時的用水補充站之一，且在地理位置上，鄰近南北商船聚集交會的渡口，因此烏鬼井在古時府城是一個很重要地標。

已被加蓋、棄用的烏鬼井

烏鬼井地面有官方的地磚，標示出其與其他附近景點的相對方向和距離

儘管烏鬼井現在仍有豐富且清澈的井水，但隨著時代進步，我們擁有方便又乾淨的自來水，所以附近居民已很少飲用，且基於安全因素，政府便加上了水泥蓋，這就是現在我們所看見的面貌。烏鬼井建立至今約已逾三百五十年，在一九八五年政府公告為直轄市定古蹟（三級古蹟），是個臺南巷弄內頗具歷史意義和經濟文化背景的重要歷史古蹟喔！

貳

臺南旅食老店

阿嬤的少女時代約會地點

1

阿田水果店

號稱臺南第一家木瓜牛奶，五十年在地記憶的懷舊水果店

臺南人飯後甜點或消夜的組合：水果切盤和果汁牛奶

❊ 阿田水果店

地址：臺南市中西區民生路一段 168 號　　電話：06-2285487

營業時間：12:30 – 23:00　　公休日：週三

大眾運輸交通資訊：

a. 搭乘 2 號公車於郭綜合醫院站下車後，步行 2 分鐘（約 180 公尺）。

b. 搭乘 5、7、14、18 號公車於西門民權路口站下車後，步行 3 分鐘（約 250 公尺）。

官網

來店必喝的是木瓜牛奶，櫃檯有著第一代老闆年輕時的影像照片

冷藏櫃和展示櫃有各種水果，都是店家精挑細選的甜滋味

「阿嬤！今天不要切水果了，我們吃完晚餐去民生路散步。」

臺南相較臺灣其他城市，有個很獨特的水果文化：把吃水果、喝果汁當作一種社交活動，很多老臺南人至今都有邀請好友或客戶到水果店吃水果的習慣，一邊吃一邊聊天或談公事，而這文化源自日治時期的日本人飯後吃水果的習慣。巨鼠阿嬤推薦的「阿田水果店」，號稱是臺南第一家木瓜牛奶店，不用特別加布丁，喝起來非常順喉，剛剛好的甜味和濃度，就像臺南這個城市，現代和懷舊並蓄，不會給人太過都市感，卻又不會太過鄉下落後。住在中西區的老臺南人只要想喝木瓜牛奶，幾乎第一時間就會想到阿田唷！

阿田水果店從一九六二年開店，至今已經傳承到第二代，原本老舊的店鋪，近年來經過整修，給人一種新穎舒適的感覺。雖然環境少了歷史的味道，但是不變的就是那杯甜濃適中、充滿故事的木瓜牛奶。

阿田水果店位在新美街和民生路的路口，夜晚更加顯眼

葡萄牛奶，濃郁香甜，令人驚豔

臺南獨有的番茄沾醬，醬油膏＋薑末＋甘草粉＋糖粉，每家水果店都有自己的獨家比例，各有不同風味

綜合水果切盤，讓你一次品嘗到各式水果的香甜滋味

阿田的沾醬相較之下較不辛辣，鹹甜順喉、帶些淡雅薑香

2

克林台包

孔廟園區內的一甲子老店

克林台包到了冬至當日限定販售「冬至包」（左上）造型獨特

克林台包的八寶肉包，為店家必吃招牌

克林台包

地址：臺南市中西區府前路一段 218 號
電話：06-2222257
營業時間：08:00 – 21:00（全年無休）
大眾運輸交通資訊：
搭乘 2 號公車於建興國中（南門路）站下車後，步行 1 分鐘（約 64 公尺）。

官網

牆面有店家的歷史介紹，側面還有「臺南膨餅故事館」，每天不定期時段有現場膨餅製作表演

克林台包是府城熱門伴手禮之一

「克林台包」至今已有六十餘年，阿嬤說以前的「克林」其實是「克林食品店」，開始於民國四十一年，在那個年代，克林食品店可是臺南最多進口食品的商行，大家如果要買舶來品，就會去克林，因為來自歐、美、日的各種異國食品，這邊幾乎都能一次買到！直到第二代接班人劉宗安先生，開始以克林肉包（八寶肉包）為主力商品。所以巨鼠小時候都是聽到大家直接以「克林肉包」來稱呼此店！

來到這，必買必吃的就是八寶肉包，店家精選多種內餡，加上祖傳的配方比例，手工製作而成，店家稱為是代表臺南的肉包，所以後來克林肉包被稱作「克林台包」。扎實飽滿的克林肉包，除了有鮮甜的肉餡，還有青蔥、大香菇，更有整顆鹹鴨蛋黃，加上銅板價格，料多味美又實在；芝麻包，濃郁芝麻香口感滑順、不沙口；另外還有菇菇包，素食內餡為多種菇類、黑木耳加上松露油，整體清爽健康。八寶肉包可以現場購買、熱熱吃，也能購買伴手禮盒送給親朋好友。記得！來到臺南孔廟園區，千萬別忘了這間熱門店家，一起嘗嘗這手工製作的古早好味道！

入口就能看到克林台包的招牌卡通玩偶

裝潢後的店家環境變得更加舒適亮麗、整齊清潔

現場有熱騰騰的現蒸包子，提供現買現吃

臺南特有的傳統糕點「膨餅」，店家獨創多種新穎口味和外觀面貌，也接受客製化圖案訂做

臺灣水晶餃，也是臺南特色小吃之一

第三代接手經營後，多了伴手禮盒的設計

3

葉家小卷米粉

傳承三代，臺南必吃小卷米粉

一碗小卷米粉，乘載三代的傳承和心血

葉家小卷米粉
地址：臺南市中西區國華街二段 142 號
電話：06-2226142
營業時間：08:30 – 17:00（售完為止）
公休日：週一、農曆春節
大眾運輸交通資訊：
搭乘 6 號公車於保安宮站下車後，步行 1 分鐘（約 95 公尺）。

官網

走在美食林立的國華街上，面對多家美食，是否覺得不知該如何選擇呢？巨鼠阿嬤要介紹大家來嘗嘗臺南必吃美食小吃：小卷米粉。臺南有三家知名的小卷米粉，分別是：邱家、葉家、施家，而三家之中就有兩家是位在國華街上，而阿嬤要帶大家品嘗的是國華街上、接近府前路口的「葉家小卷米粉」。

據說是全臺灣第一家小卷米粉，最初創立於一九三五年，由第一代老闆葉水龍先生在「大菜市」開始營業，現在已傳承到第三代、也遷到國華街現址繼續經營，雖中間一度停賣，但仍是老臺南人很熟悉的八十多年歷史老店，偶爾老闆娘身體不適，會店休一段時日，屬於三家名店中最需好食運才能品嘗到的經典老店。

臺南小卷米粉三大巨頭的味道各自有差異，但同樣的是新鮮好滋味。三家中，阿嬤說她最愛「葉家小卷米粉」的清甜湯頭，以甜度而言，個人覺得是三家中較不甜的，搭配超級新鮮又Q彈脆甜的小卷，吃起來相當厚彈，熟度掌握的極好，不會過老，不難發現店家高人氣的理由！還有，小卷米粉可選擇是否要加米粉，而特製米粉，久泡湯汁卻不軟，吃的到米香。偷偷分享，他們家的小卷米粉，即使我外帶回家隔天加熱來吃，依然覺得美味不減、讓人滿滿感動的一碗。

↖ 湯頭接近透白，可嘗到小卷天然的鮮與甜

滿滿的一大碗，飽足感足夠

小卷已事先川燙冰鎮，每日限量

店家的米粉貼心地切至適中的長度，很方便和湯一起入喉

4

江水號

民國二十年創立的老冰店

熱氣氤氳，圍繞著老店家

江水號

地址：臺南市中西區國華街三段 16 巷 13 號
電話：06-2258494
營業時間：12:00 – 21:00
公休日：週二
大眾運輸交通資訊：
搭乘 14 號公車於中正商圈站下車後，步行 1 分鐘（約 110 公尺）。

官網

提起臺南西市場的大菜市，只能說一整個熟悉感。不僅僅是它跟阿嬤一樣年紀很老了，它也是一個我從小成長的地方，有我從小走踏、和妹妹牽著手一起逛菜市的美好回憶。看過大菜市入駐了不少新店家，一批又換過一批，但是有些老店攤經歷過日治時期，無論經濟蕭條與否，直到現在仍守在這裡，它們是老臺南人共同的記憶，也陪伴我們成長。

大菜市內的店家其實不算多，左右兩排走道，將建築空間劃分成了共三排店攤，而「江水號」就位在中間排的中間位置，也因此擁有雙入口、可通兩側走道。「江水號」可以說是我從小看到大、幾乎沒什麼改變的店家，陳舊的桌椅、斑駁的牆面，述說著店家的年紀。喜歡看著白色大盤、透明大碗公裡盛裝的各式好料，有鳳梨、綠豆、紅豆、大豆、杏仁凍、粉粿、手工圓仔還有最受歡迎、熬到成泥的芋頭泥，都是超人氣的經典配料。如果不知道要怎麼點，就來碗八寶冰吧！如果覺得天氣冷，有冬季限定、天冷才有的酒釀米糕粥，或是來碗熱騰騰的八寶紅豆湯，胃暖、心更暖。如果你夠幸運，其實店家還有土豆仁湯，但就如我去時聽到的對話：「頭家娘，土豆仁湯尬ㄟ攏謀？」、「五啦！哩燒外來阿！今日煮喀就。」

店家外觀

來到大菜市，務必嚐嚐這家的正港古早味。如果人多，也可移駕到海安路的兄弟店：「黃火木舊臺味冰店」，同是傳承自第一代的八十多年好味道。

斑駁牆面，可見店家歷史痕跡

店內的所有配料，皆為第二代夫婦手工製作，耗工費時

八寶冰為人氣必點，滿滿經典好料

店家的芋泥有著無法取代的滑順且軟綿口感，芋頭控可以單點芋頭冰，盡情享受芋頭泥的美好

↖ 傳統式剉冰，吃起來沒有顆粒感，口感綿綿，入口遇熱即化

↖ 偶爾會有店家特別招待的鳳梨淋醬，吃起來果香味十足

↖ 米糕粥，冬季限定的熱呼呼甜點，吃的到糯米和桂圓的香甜軟口

↖ 對面的五金行，也是大菜市的老店攤，以前家裡的剪刀都來這買

5 大菜市福榮小吃：阿瑞意麵

民國十二年至今，傳承四代的手工意麵

臺南的意麵多是特製的鴨蛋意麵，有著獨特的香氣和口感，軟香卻有咬勁

大菜市福榮小吃 - 阿瑞意麵
地址：臺南市中西區國華街三段 16 巷 25 號
電話：0986-050796
營業時間：08:00 – 21:00
大眾運輸交通資訊：
搭乘 14 號公車於中正商圈站下車後，步行 1 分鐘（約 130 公尺）。

官網

澎湃的一餐

店家牆面有著手繪故事牆，多國語言介紹店家的歷史

阿瑞意麵是臺南大菜市「最老」的小吃店家，創立於西元一九二三年，目前已傳承至第四代，經歷近百年的府城繁榮與滄桑，老店依然堅持崗位，不變的位置，讓每個想念老味道的人，回來大菜市都能找尋到那記憶中的懷舊美味。

「大菜市福榮小吃：阿瑞意麵」的必吃招牌就是店家手工製作的鴨蛋意麵，有著獨特的香氣，因為製作意麵時加入了鴨蛋黃，所以色澤也帶些淡淡的淺黃色。阿瑞意麵的肉燥肥瘦適中，味道也很特別，鹹甜油香，特製的鴨蛋意麵更能吸附肉燥的香氣和醬汁，吃起來更加入味又涮嘴。魚丸湯選用臺南在地虱目魚丸，也是店內的熱門湯品。每天現包的手工餛飩也是必吃，大顆又扎實，內餡鮮美，餛飩皮柔軟卻有厚度，不僅提供內用和外帶品嘗，也有生餛飩的販售，很多媽媽都會買回家煮來當正餐呢，巨鼠阿嬤只要晚餐煮餛飩湯，也都是來這邊購買生餛飩回家煮。

來到大菜市，務必嘗嘗臺南獨特的意麵、肉燥、手工餛飩，有著傳承近百年的老味道。

餛飩乾意麵，多顆餛飩鋪滿在意麵上方，一次品嘗到兩個招牌好味道

餛飩魚丸湯，當你想喝餛飩湯，又想喝魚丸湯，點這道準沒錯！讓你一次喝到兩種湯

手工乾餛飩，是當地內行人必點，餛飩淋上肉燥，吃起來更Q彈鹹香

這鍋肉燥可是餐點的靈魂所在，鹹甜適中的古早味，也提供宅配送禮用的加熱即時包

阿瑞意麵對面的阿枝泡沫紅茶店也值得一喝

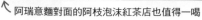

手做西點懷舊的好滋味

6 新裕珍餅舖

臺南國寶級西餅舖

新裕珍餅舖
地址：臺南市中西區民權路二段 60 號
電話：06-2220420
營業時間：09:00 – 19:00
大眾運輸交通資訊：
搭乘 14 號公車於吳園站下車後，步行 4 分鐘（約 300 公尺）。

民權路是臺南百年老街道之一，走在這條路上，不難發現兩邊的房屋看起來都頗有年紀，而這家新裕珍餅舖是臺南市內國寶級的古早味餅舖，營業至今已逾五十年。這裡的甜點，維持手作的古早風味，秤重計價，吃的是那股懷舊滋味！

來到新裕珍餅舖，特色西餅有：一口酥、果醬餅乾、椰子球、臺式馬卡龍、臺式甜甜圈，都是現在很少見的古早味西點。到了民權路，一定要來這家西點老店，感受古老的甜點鋪裡賣的手作老滋味！

看著透明展示櫃中的傳統西點餅乾，充滿懷舊感的古早味點心

新裕珍餅舖的餅乾為秤重計價

↖ 從老舊的招牌和五碼的電話號碼，就能知道店家的年紀。新裕珍餅舖也是臺南老街老店導覽活動必訪的景點

手工古早味，吃起來別有一番風味 ↗

7 下大道蘭米糕店

阿嬤的懷舊手作滋味

滿滿一桌，不到三百元，平價又飽足的好滋味

※ 下大道蘭米糕店

地址：臺南市中西區康樂街 6 號
電話：06-2210076
營業時間：08:30 – 19:30（全年無休）
大眾運輸交通資訊：
搭乘 6 號公車於康樂街口站下車後，步行 2 分鐘（約 190 公尺）。

官網

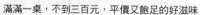

店家用竹籠盛裝米糕

肉燥是米糕的靈魂，看這陳年老鍋煮的肉燥香而不膩

臺南好吃的米糕店介紹不完，巨鼠阿嬤介紹的是在地五十多年的下大道蘭米糕店，原在下大道（府前路與海安路口）開店，後因海安路拓寬工程才移至康樂街，在店內可以看到第一代洪巫月麗老闆娘快手準備客人的餐點，無論再怎麼忙碌，招呼時臉上都掛著親切的笑容，讓人感受到如自家阿嬤般的溫暖。

「米糕蘭」是阿嬤的外號，所以店家有個「蘭」字。阿嬤靠這家米糕店拉拔一家大小，現在也慢慢把做米糕的老功夫傳承給兒子，希望讓店家的古早好味道持續下去。店家除了販售米糕、肉燥飯麵等美味小吃，也接受彌月油飯的訂製，是臺南非常知名的米糕老店，來臺南務必嘗嘗這飄香近半世紀的古早味米糕！

米糕有著香Q糯米、旗魚鬆、肉燥、黃瓜片，還附了顆小滷丸，分量和誠意十足

店內可見第一代老闆娘和第二代共同努力經營老店的模樣，讓古早味米糕有了傳承

怕食用糯米消化不良者，也可挑選肉燥飯，同樣的美味

乾米粉，米粉充分淋著肉燥醬汁，鹹香夠味

四神湯，分量不少的軟Q小腸，加上薏仁，清爽又美味

肉燥油條，是很特別的小菜，油條淋上肉燥，讓人驚艷

滷鴨蛋有著濃香又大顆的蛋黃，滷丸做成小巧的一口大小，一份有五顆；是必點的好味道

竹葉米糕（外帶限定）：米糕若外帶，店家會使用竹葉來包裹盛裝，打開就能像粽子一樣直接吃，很古早味

肉筋湯，裡頭有著大又多塊的骨仔肉，肉筋軟嫩不柴口

8 阿明豬心冬粉

臺南保安路必吃小吃，傳承六十年的好滋味

第二代老闆阿明，擁有過人的記憶力和速算力

❊ 阿明豬心冬粉

地址：臺南市中西區保安路 72 號

電話：06-2233741

營業時間：17:00 – 00:00

公休日：不定，詳見官網公告

大眾運輸交通資訊：

a. 搭乘 6 號公車於保安宮站下車後，步行 1 分鐘（約 84 公尺）。

b. 搭乘 1 號公車於小西門（大億麗緻）站下車後，步行 3 分鐘（約 300 公尺）。

官網

談起保安路，大家的印象就是美食林立。的確，小小一段路，但是卻能吃到各式各樣的道地臺南小吃，阿嬤說她如果不知道要吃什麼的時候，走來保安路，從路口走到路尾，就能吃飽了！

而這條路上最紅的美食店家，非阿明豬心冬粉莫屬了！這家臺南老字小吃，每次晚上前往，必定人潮滿滿，一定得耐著性子排隊，通常需要排隊三十分鐘以上，相信我，你吃到時會覺得很值得！排隊方式是先跟店家報到，店家會給你一張號碼牌和菜單，內用有位置就會安排入座。在座位上等待叫號，叫到你的號碼時，把你點好的菜單拿到櫃檯，用餐結束再結帳即可。

他們家的豬心冬粉，連不吃內臟的巨鼠好友，一吃就愛上，朋友從此只吃「阿明」的豬心冬粉。你很難想像，怎麼會有人把內臟處理的那麼嫩口，但是卻又帶有脆感和滑口感，這真的就是「阿明」的真功夫！除了豬心冬粉，巨鼠和阿嬤也推薦大家嘗嘗豬肝湯、蒜頭豬腳、麻油腰只。豬肝同樣的脆嫩兼具，蒜頭豬腳則是在地老饕推薦必吃，看起來白又無趣的水煮豬腳，搭配蒜頭跟特調醬汁，竟然就讓人感到驚艷萬分！超嫩口的豬腳肉，完全不柴口，豬皮帶些Q彈，務必試試！店家的麻油腰只吃起來與市售腰只完全不同，腰只表面光滑，如蛋白一般，口感彈牙又緻密，完全不會有粉沙感。記得食用前先跟底部麻油攪拌均勻，腰只充分混著麻油的香氣，搭配薑絲，真的很讚！

店家外觀

豬腳是店家的人氣招牌小菜，
晚來就售完

臺南人氣排隊美食，一定要記得點好點滿

豬心冬粉，嫩脆口感，讓人驚艷

蒜頭豬腳，肉質軟嫩不柴口，豬皮帶Q，搭配蒜醬，清爽涮嘴

豬肝湯，豬肝滑口
帶脆嫩，店家功力
不容小覷

骨髓湯，嘗起來
如鹹豆腐一般，
湯頭清卻味濃

麻油腰只，表面光滑口
感彈嫩，麻油香氣誘人

9

小公園擔仔麵

西門圓環的七十年老店

老店面，有著三盞紅燈籠在黑夜中高掛招攬客人

小公園擔仔麵

地址：臺南市中西區西門路二段 321 號

電話：06-2265495

營業時間：16:40 – 00:00

公休日：週三

大眾運輸交通資訊：

搭乘藍 23、藍 24 號公車於西門圓環「興南」站下車後，步行 2 分鐘（約 140 公尺）。

官網

臺南的擔仔麵非常有名，在阿嬤的少女時代就開始營業的擔仔麵老店更是不少，直到現在，老店都嘛是第三代傳人開始接手，繼續煮著這傳承超過一甲子的老滋味！

夜晚時間，陪著阿嬤走在臺南的西門圓環，聽阿嬤述說著年輕時他們最愛吃哪家美食、喝哪家楊桃湯，就會發現臺南美食小吃在這圓環邊臥虎藏龍！而這間小公園擔仔麵就是臺南老饕必吃的擔仔麵店之一。經典必吃的擔仔乾麵有鹹香肉燥、火燒蝦、Q彈麵條；這邊的滷味也很有名，要吃什麼自己夾，隱藏版的豬腳更是老饕必吃，晚來就沒了。擔仔米粉湯，也是人氣餐點，加上滷貢丸、滷鴨蛋，就非常有飽足感。不起眼的外觀，聚集了老饕，從晚餐時段賣到消夜凌晨，是臺南人的夜間食堂！

擔仔米粉湯也是店裡的人氣餐點

一碗豐盛的擔仔乾麵，就是平實的幸福

臺南人的飯桌，「青超」又便宜

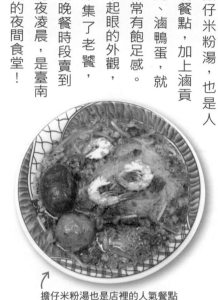

第二代老闆坐在低矮板凳上料理，是臺南擔仔麵的古早印象

自助式滷味相當受歡迎

滷鴨蛋，大粒又綿密的蛋黃，是其特色

骨肉湯，從骨頭上取下來的肉塊帶筋，吃起來特有嚼勁，是少見的美味湯品

鴨米血，純手工製作，帶有米香和Q度，淋上肉燥和香菜，正港古早味

魚卵，便宜又超大份，搭配美乃滋，是一百分的黑白切

10 蜜桃香

臺南古早味楊桃湯，傳承五十年的酸甜好滋味

店家維持舊式外觀，給人懷念的古早感

蜜桃香
地址：臺南市中西區青年路 71 號
電話：06-2284228
營業時間：09:00 – 21:00（全年無休）
大眾運輸交通資訊：
搭乘 1 號公車於中山民權路口站下車後，步行 3 分鐘（約 250 公尺）。

店家外觀

圓柱玻璃罐裡放了各式不同蜜餞，一管管直立擺放，成了非常特別的景象

這家蜜桃香是阿嬤以前住在青年路時很常喝的古早味飲料，賣的是楊桃湯。阿嬤說在她那個年代，不像現在有那麼多種類的飲料可挑選，不是喝楊桃湯、冬瓜茶、青草茶，就是吃剉冰、四果冰、枝仔冰。

阿嬤的年代，新鮮水果貴又難以保存，當季盛產的水果多會做成蜜餞，再把不同口味的蜜餞搭配楊桃湯，加上碎冰，就是非常受歡迎的飲料。而蜜桃香就是現在很少見的傳統飲料店，店家的「湯底」都是楊桃湯，你可以選擇只喝湯，也可選擇加料，多種醃漬水果或蜜餞，如蜜漬楊桃、蜜鳳梨、李鹹仔、青芒果、芒果干，都能自由搭配。甜甜的楊桃汁，搭配酸甜的水果蜜餞，真的很古早味！也能選擇「湯」或「冰」，加了碎冰，吃起來更加清涼，也較不甜膩喔！

楊桃冰有著醃漬過的酸楊桃，搭配碎冰，是鹹酸甜的古早好滋味

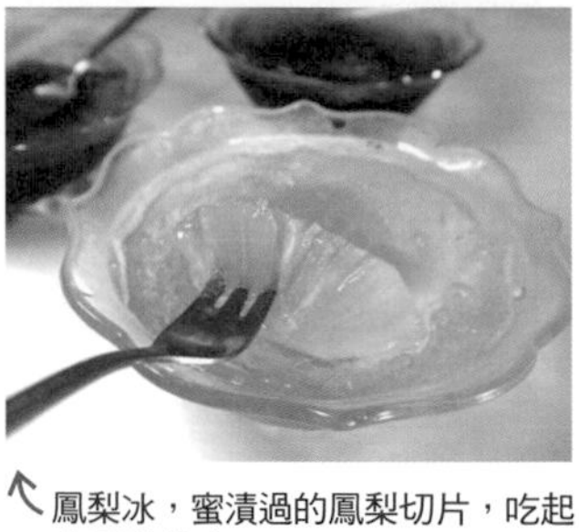

鳳梨冰，蜜漬過的鳳梨切片，吃起來香甜美味

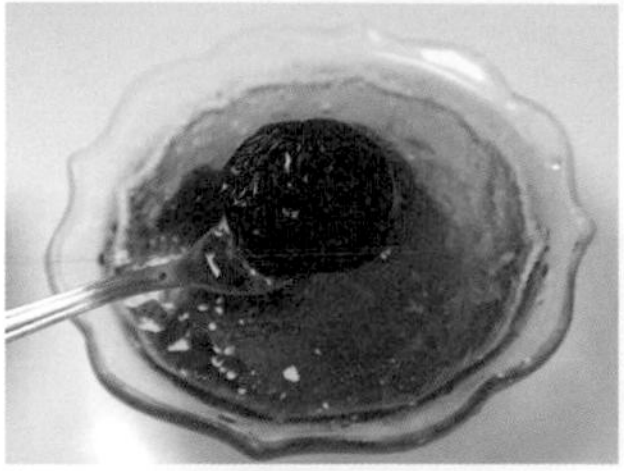

李鹹冰，蜜餞搭配楊桃湯和碎冰，特別又好喝

第一代頭家嬤笑臉滿滿地顧店，楊桃湯一做就是 50 年

蜜餞是秤重購買，夾鏈袋盛裝，充滿懷舊感

青芒果冰，芒果青加上楊桃湯，外帶杯裝很方便

濃縮楊桃湯，店家熱賣的古早止咳祕方，稀釋後就能喝，非常方便

海龍肉粽只賣四樣：肉粽、菜粽、味噌湯、香菇肉羹，一賣就是 80 年

11

海龍肉粽

八十年歷史粽子老店

※ 海龍肉粽
地址：臺南市中西區金華路四段 134 號
電話：06-2252711
營業時間：06:00 – 23:00（週日公休）
大眾運輸交通資訊：
搭乘 3 號公車於菱洲宮站下車後，步行 3 分鐘（約 260 公尺）。

說到這間海龍肉粽，臺南市內無人不曉，名號可是響叮噹。問起阿嬤原因，阿嬤娓娓道來，這家店在二十多年海安路拓寬工程前原本是在臺南水仙宮內擺攤，老頭家也會推著攤車到處叫賣，一直到海安路因工程封閉，才移到金華路上。現在已傳承至第二代，賣的仍是不變的懷舊好味道。

跟其他粽子老店相較，海龍肉粽的營業時間較長，從早餐賣到消夜，聽阿嬤說更早以前可是二十四小時都能吃到海龍的粽子呢！現在雖然凌晨吃不到，但是六點一透早到晚上十一點前的消夜時段，想吃都能直接去，店家每天都有在包粽、炊粽，保證都能吃到最新鮮的粽子！到店裡，可以看到一個個熟客們熟門熟路地點餐、找位置坐下，甚至有人臨走前指定整捆肉粽外帶回家，不難知道海龍肉粽在臺南深耕八十年的高人氣！

店家賣的品項也很單純：肉粽、菜粽、味噌湯、香菇肉羹，就這四樣，依然賣得嚇嚇叫。每桌都能看到幾乎每個人都是點一顆粽加上一碗湯的搭配，銅板的平實價格，吃得美味又飽足！他們家的粽子也滿獨特的，肉粽使用的是竹葉來包粽，菜粽則是使用月桂葉，因此兩種粽子呈現的香氣也不同！粽子搭配的醬汁，也有分別：肉粽淋的是肉汁、菜粽是醬油膏加上花生粉的搭配，各有各的獨特風味呢！另外，來吃粽子時，不妨細心品嘗兩者的差異，會發現肉粽的米心較軟、菜粽米心則較Q彈。

從一顆小小的粽子，也能看見老店的講究呢！

海龍肉粽外觀

店內可見第一代頭家推著攤車的老舊照片

店家每天都會包粽，可以看到
一串一串的粽子懸掛在旁

海龍肉粽已傳承至第二代，可以看到老闆不時忙碌的身影

海龍肉粽使用的是竹葉包裹，有著大塊香菇、豬肉、鹹蛋黃，淋上肉汁口味不死鹹

菜粽使用月桃葉包裹，有淡淡的月桃香，大粒花生口感軟實，搭配醬油膏的甜鹹、花生粉的香氣，清爽涮嘴

銅板價的味噌湯，裡面有吸飽滿滿湯汁的軟口油條，還有不少的豆腐丁，意外飽足呢

香菇肉羹有滿多塊的肉羹，吃起來也很過癮

12

赤崁璽樓

日治時期的老洋房，臺南少見的創意素食料理餐廳

赤崁璽樓二樓陽臺一隅

赤崁璽樓

地址：臺南市中西區西門路二段 372 巷 10 號
電話：06-2245179
營業時間：11:30 – 14:30，17:30 – 21:00（全年無休）
大眾運輸交通資訊：
搭乘 3、7、18 號公車於西門路三段口站下車後，步行 1 分鐘（約 130 公尺）。

官網

臺南巷弄何其多，怎麼鑽都有小驚喜，阿嬤帶著巨鼠來鑽西門路裡的小巷子，走進小巷發現好多特色餐廳和旅店，裡頭最明顯的，就是這棟高聳優雅的建築「赤崁璽樓」。

說起赤崁璽樓，老臺南人都知道這棟民宅在日治時期，可是僅次於林百貨的臺南第二高樓，以民宅來說，則是樓層最高的個人住宅！高聳的四層樓半建築，在當時是知名皮革店「洪東亞大樓」，又是有名的「孝親樓」，據說是洪氏兄弟為了年邁且行動不便的母親而建，至今已有近七十多年的歷史，興建的年代不詳，但是根據當初的臺南地景圖，可追溯到更久之前呢！

赤崁璽樓的建築本身很有可看性，每層樓的陽臺圍欄有著「洪、東、亞」三字，可見洪東亞大樓的歷史地標性，四層樓半高的和洋式建築可同時看見中式和日式的建築風格：不同樣式的花窗、屋外日風庭園、每層樓的陽臺迴廊，中日融合氛圍，值得大家細細觀覽。整棟建築可以感受到屋主用心保留老屋和悉心布置的痕跡，一、二樓為餐廳，三樓以上為住宿空間，裡面環境超好拍，也是臺南拍攝婚紗的熱門取景點！

赤崁璽樓也是臺南少見的素食餐廳，餐點主要為素食創意料理，店家嚴選天然有機或政府認證食材，搭配頂級油品和調味料，設計出的菜色一道道精緻又美味，保證顛覆你對素食料理的刻板印象。因為店家用心研發，視味覺兼具，無論是否為素食者，都喜歡到赤崁璽樓用餐呢！

陽臺圍欄的「洪東亞」刻字，象徵建築的舊時意義

從樓上陽臺，可俯瞰一樓庭園的生態池

二樓用餐環境，藍色裝飾、白色牆面象徵母親的愛如藍天白雲守護著每個人

大門上的四位數電話號碼，顯示出老屋的年齡

一樓用餐環境，各式藍色窗框為該建築特色

墨西哥捲、越式芙蓉春捲，都是充滿創意的異國風素食料理

麻油三杯綜合猴頭菇，是臺式風味的素食，美味又健康

正宗四川麻辣鍋套餐，除了豐富的菜盤，還有素魯飯、甜點、茶飲

素魯飯，比肉燥飯更加清爽、不油膩

黑胡椒猴菇排套餐，有著西式牛排的精緻擺盤和口味，讓素食也能吃的很高級

法式藍帶豬排套餐，充滿創意的素料理，滿滿金黃起司瀑布又美又好吃

↖ 住宿區大廳，宛如皇冠般的美輪美奐、金碧輝煌

↖ 住宿樓層隨處可見主人的各式收藏品，有各地珍貴收藏和臺灣懷舊老件

↖ 舒適的床鋪，提供旅人一個休息的空間

13 窄門咖啡

入口只有三十八公分的日治時期老厝

臺南百年老屋，在老闆娘的細心維護下，特意保留老屋斑駁的痕跡

窄門咖啡

地址：臺南市中西區南門路 67 號 2 樓

電話：06-2110508

營業時間：週一至週五 11:00 – 20:30，週六、日（例假日）10:30 – 22:00，除夕公休

大眾運輸交通資訊：

a. 搭乘 2 號公車於建興國中（南門路）站下車後，步行 1 分鐘（約 130 公尺）。

b. 搭乘 99 號觀光公車於建興國中（孔廟）站下車後，步行 1 分鐘（約 60 公尺）（即時查詢可下載大臺南公車 App）。

官網

臺南孔廟附近有很多知名的景點或美食店家，其中有間「窄門咖啡」以入口很窄而聞名。走到南門路，就在孔廟對面騎樓，你會看到一個小小的、類似防火巷寬的小巷口，就位在兩間店鋪的中間，上方僅有一塊小小的木頭招牌寫著「窄門」。印象中《聖經》寫道：「你們要進窄門。因為引到滅亡，那門是寬的，路是大的，進去的人也多；引到永生，那門是窄的，路是小的，找著的人也少」，我想店家取為「窄門」也有此意，如果你想喝到美好的咖啡滋味，請穿越這道「窄門」吧！

窄門咖啡最大的特色，在於入口寬度只有三十八公分，穿越此窄道，方能一探「窄門咖啡」的老屋祕境。側過身、走進窄道，就可以看到通往店家的樓梯。老舊的厚實石頭梯給人神祕感，順著灰舊的洗石子樓梯，一旁的綠樹藤蔓自由垂降，彷彿像一座通往古堡的魔法樓梯。走到二樓，會先看到一片綠色小花園，綠意盎然，心情也愜意了！通過花園，就是咖啡店門口。

百年老屋，在老闆娘的堅持下，重整骨架後，再特意仿舊上漆，盡可能重新恢復老屋原有的風貌。裡頭的氛圍似乎回到了古老的年代，空氣的流動是慢的，讓心也慢了下來。明明是咖啡店，卻有股書香縈繞，原來此處為文人雅士喜愛之地，兩任的諾貝爾文學獎得主：高行健、德瑞克．沃克特都曾到此一遊，並在「窄門咖啡」留下他們的足跡，唯有細心觀覽才能發現喔！

店內的布置蠻有懷舊的雅緻氛圍，牆面還留有老屋的原始碎牆，也有老屋的相關歷史資料供查閱。坐在靠窗的位置，可以享受窗邊的一抹綠，綠色小植栽有活力地探頭觀看外面的世界，順著往外眺望，對面就是孔廟園區，看著樓下的車水馬龍，對面的熙攘人群，在這宛如靜止的時空內欣賞著外界的喧鬧。不可思議的文藝老屋，點杯堅持採用傳統日式虹吸壺煮法的咖啡；再來本詩集閒書，靜靜的享受臺南的緩慢時光，慢「漫」地享受百年老屋的靜謐氛圍！

店家位置不顯眼，需經過「身形測驗」，身材夠苗條的人才能穿越窄巷一窺究竟

走進窄巷，順著招牌指標才能找到店家

順著老舊石梯而上，先見綠色小庭園，才到達店家

來杯冰咖啡或冰水果茶，搭配著使用咖啡豆製成的巧克力，就是迷人的午茶時光

日本大正時代的老牆

參

阿嬤的少女時代遠足郊遊地點

大臺南地區必訪景點

1 北門區

水晶教堂／北門出張所／北門遊客中心

北門水晶教堂，別具異國風情

北門水晶教堂

地址：臺南市北門區舊埕 200 號
電話：06-7861000
營業時間：戶外設施 24 小時開放
大眾運輸交通資訊：
搭乘 168B、藍 2、棕 1 公車於北門公所（北門遊客中心）站下車後，步行 4 分鐘（約 350 公尺）。

官網

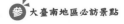

在阿嬤的時代，臺南北門區著名的是漁業和鹽業，這兩個行業於現今相對式微，取而代之的為觀光產業。北門區位置較偏遠，雖有公車可達，但會建議大家開車前往，因為近年來這裡的觀光旅遊興盛，現場都有規劃大片停車場，停好車後，就可輕鬆步行此區域。

走在北門的廣大腹地上，從遠處就可見一座美麗的白色建築，在藍天下閃耀著白色光芒，那就是北門水晶教堂。據說，臺南的水晶教堂是國內第一個公家機關所規劃設計的教堂，其設計來自關島的海之教會（S.T Laguna Chapel ），以「婚紗攝影」為主題，被稱之為「北門婚紗美地」，而且是臺灣第一座夢幻教堂!很多新人都會來此拍攝婚紗，留下美美的紀念。北門水晶教堂位於洲北鹽田與中洲鹽田交界處，此處空曠平坦，造型簡約且純白的水晶教堂矗立於此，非常的亮眼吸睛，讓鹽田的鄉下景觀，增添了異國風情，尤其當夜晚來到，燈光映照下的教堂更具浪漫氛圍。

說起北門水晶教堂的建立起源，除了促進當地觀光、吸引人潮前往，其建築設計也展現了鹽田特色的象徵，以鹽的白色和晶瑩剔透為主色調和設計概念，而採用教堂的建築，是為了撫慰一九五七年間當地烏腳病患的痛苦和紀念相關醫療人員的付出。強烈建議大家來到「北門水晶教堂」，除了留下美美的紀念照，不妨也稍稍了解其背景故事和歷史，讓此建築之美格外地別具意義。

迷你的鹽晶教堂

路面有著關於愛的圖文裝飾，十分浪漫

遊客中心旁的埤塘，水面上設有藝術造景

大片草地上可見各式裝置藝術，吸引大群民眾前往拍照

北門遊客中心的外側牆面有大片創意彩繪，讓老建築整個繽紛了起來

舊北門鹽場的工廠建築，為之前北門地區的洗滌鹽工廠及轉運站，極具歷史意義

北門水晶教堂附近還有不少知名景點，如北門遊客中心、錢來也雜貨店、北門出張所、井仔腳瓦盤鹽田等，都可順遊。從北門水晶教堂步行到北門遊客中心，約五分鐘的路程，可以留意腳下所踏的步道，政府非常用心地在路上繪製了各種愛的語言和愛心圖案，可說是「愛的告白之路」呢！

北門遊客中心改建自北門洗滌鹽工廠舊建物群的西南側倉庫群，是個室內、外皆宜的觀光景點，館內可看展、館外可拍照。館內提供冷氣開放，在炎熱的天氣裡遊客待在館內可以稍稍解熱，避暑一下。北門遊客中心屬於室內展覽場的概念，內部有觀光資源影片的播放和各種多媒體的互動展區，還有「東方畢卡索」之稱的素人畫家－洪通的藝術展牆、海翁返北門－抹香鯨標本區，都值得一看。北門遊客中心館外有著各式以「愛」為主題的裝置藝術和大片彩繪牆面，又美又好拍，都是假日散步或是婚禮拍攝取景的好地方。此處還規劃自行車道，可騎著單車悠閒地在鹽田邊漫遊。

錢來也雜貨店

夢奇地廣場，廣場草地上有各種彩色裝置藝術，樂器造型好看又好拍

順著步道前行，就可到達著名的錢來也雜貨店，其原為鹽工之家，後來店家運用當地的材料：甕片、蚵殼、貝殼等天然材料設計出具有鹽分地帶風貌的建築景觀，象徵鹽分地帶的建築景觀，是個熱門拍照打卡點。懷舊的老建築裡販賣著古早味的零食小物，這裡曾是知名電視劇《王子變青蛙》的取景點。這一區有許多別具特色的商店或小吃攤，大家可以慢慢逛、慢慢看，現場有路標指示牌，可循向遊覽各景點，還能吃美食。

臺灣烏腳病醫療紀念館，紀錄保存與烏腳病相關的器具、影像、心情記事

北門出張所，整棟粉藍色木造建築不用釘鉚，以榫接的方式建造，為日治時期的鹽務辦公廳舍，在歷史上別具意義

鹽田時代的生活樣貌

2

七股區

七股鹽山觀光園區／臺灣鹽博物館

臺南七股區，對阿嬤這年紀的老臺南人來說，印象就是鹽田、海埔魚塭，因近年推動臺南觀光事業，而成為著名觀光景點之一，多了七股鹽山觀光園區、臺灣鹽博物館等景點，區內北堤坊的國聖燈塔也成為年輕人熱門打卡點呢！

七股鹽山觀光園區

來到臺南七股，最著名的景點地標就是「鹽山」。還記得小時候，來這邊我們還會自己帶瓦楞紙箱當滑板來滑鹽山，後來臺鹽公司發現觀光人潮日益增多，便開始設立展示部、販賣部，成立七股鹽山觀光園區。一走進園區，即可見雪白的山峰矗立在園區之中，像個白朗雪山一般，有「南臺長白山」之稱。巨大鹽山設有梯道可登上純白鹽山頂端，看起來就像在真正的雪山般，很美~很美~是種鹹鹹的浪漫。站在鹽山頂端，可俯瞰整個園區，視野寬闊，讓人心曠神怡。

入場須購買門票，可折抵部分園區內的消費

遠看像一座飄滿白雪的雪山

可沿著步道走到鹽山頂，欣賞園區風景

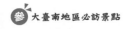

七股鹽山觀光園區除了有高聳的鹽山外，還有各種遊樂設施和露營烤肉區。傳統晒鹽體驗區，讓你了解晒鹽歷史和過程。園區內也有鹽山美食和伴手禮專區，可以購買各式和鹽相關的餐飲和生技產品，如鹹冰棒、鹽山咖啡、臺鹽生技公司相關產品。

園區內有遊樂設施和大型藝術裝置散布全區

另外，近年來該園區都會舉辦吉祥物活動，每年設計巨大吉祥物玩偶放於巨大鹽山山頂，鼓勵遊客登上鹽山頂，與可愛吉祥物合照！而前幾年「退役」的吉祥物玩偶，則會散布於園區內各地，可愛又巨大的吸睛裝飾，大家可以在園區內到處走逛，找尋每一年的吉祥物合照紀念。

如果是行動不便者或你想輕鬆的遊覽整個園區，這邊也有遊園小火車，可付費搭乘。七股鹽山觀光園區鄰近臺灣鹽博物館，兩個園區之間也有接駁小火車可搭乘，非常便利，讓遊客能直接往來兩個園區，沿途還可欣賞鹽田原始風貌，非常值得搭乘體驗！

❊ 七股鹽山觀光園區

地址：臺南市七股區鹽埕里 66 號

電話：06-7800511

營業時間：夏季（3～10 月）09:00 – 18:00、冬季（11 ～ 2 月）08:30 – 17:30

休園日：除夕整日及政府公告之颱風假

大眾運輸交通資訊：

搭乘 99 號觀光公車（即時查詢可下載大臺南公車 App）。

官網

歷年的七股鹽山吉祥物也都保留在園區內，提供合影

最可愛的貓頭鷹吉祥物，位於園區最內側，要走過長長的渡橋，才能窺其萌樣

河邊有天鵝船的設施，深受親子團體的喜愛

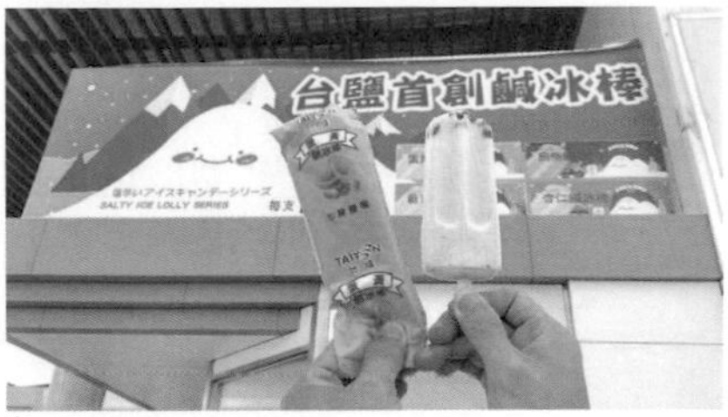

鹹冰棒的鹹甜滋味，清涼獨特

接駁小火車，方便往來兩個園區，沿途可欣賞鹽田風景

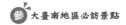

臺灣鹽博物館

逛完七股鹽山觀光園區，務必到隔壁的臺灣鹽博物館逛逛，更深入了解臺灣製鹽業的歷史。這是一間全臺唯一以鹽業為主題的博物館，館內保存了臺灣數百年的鹽業歷史和文化資產，非常建議購票入內參觀並學習相關知識。

展館分設三個樓層：一樓為「鹽田風光」，可以了解製鹽過程和方式；二樓為「鹹鹹的臺灣」，介紹了鹽業歷史與「鹽與科學」的相關體驗；三樓為「世界的鹽」，讓你了解全世界的鹽類產業之歷史變化和差異。另有一處「中古波蘭鹽礦」的模擬礦坑場景，讓你走入地底感受地下鹽礦的神祕氛圍，還有中國四川鑿井取鹽的精緻模型。整個「臺灣鹽博物館」展覽，好看又好拍，富含教育意義，因此也有不少學校安排來此戶外教學。一旁的商場：「塩埕趣文創商店」可免費入內，裡面提供多種鹽類商品和相關食品，也有文創商品的展售，如彩色生日鹽製成的「366 劍獅瓶」、生日鹽印章或吊飾，可以購買來自己留念或送禮，都別具意義。來到七股鹽山，大家務必走一趟臺灣鹽博物館的展覽，讓七股變成更具教育意義的知性景點。

臺灣鹽博物館外觀是座巨大的白色金字塔

門外可見園區小火車緩緩從七股鹽山園區駛來

臺灣鹽博物館前方有座人面獅身像，非常吸睛

↖ 塩埕趣文創商店門口有著臺南安平代表圖樣「劍獅」的造型郵筒

↖ 跟著臺鹽公司的資深員工，專業又生動的導覽，了解七股鹽田歷史

↖ 塩埕趣文創商店的玻璃燈泡裝置藝術

↖ 中國鹽業展區設有四川鑿井取鹽的精緻模型

↖ 世界文化遺產「波蘭鹽礦」的仿真洞穴，十分有趣

❊ 臺灣鹽博物館

地址：臺南市七股區鹽埕 69 號
電話：06-7800698
營業時間：09:00 – 17:30
休館日：每個月最後一週的週一
大眾運輸交通資訊：
搭乘 99 號觀光公車（即時查詢可下載大臺南公車 App）。

官網

奇美博物館的夜景，更是動人

3

仁德區

奇美博物館／十鼓仁糖文創園區

仁德區有兩大必訪景點，分別是奇美博物館和十鼓仁糖文創園區，兩館日夜都可前往，若要參觀奇美博物館內部展覽，建議白日前往，若只是要攝影留念，日夜皆可。十鼓文創園區則是除了白日開放外，另有傍晚的星光票入場，雖部分遊樂項目於夜晚沒有開放，但是夜晚的園區會點起了燈別有一番風情，十分浪漫。

奇美博物館

「奇美博物館」為奇美集團創辦人許文龍先生所建，是一座西洋美學風格的建築，腹地廣大，占地九點五公頃，分為室內展覽和室外展品，一般若要全館內外逛完，約需半天的時間，可見館藏之豐富度。

館內的蒐藏以西洋藝術、樂器、兵器、動物標本以及化石為主要，另有限期的常設展覽合作活動。最廣為人知的是奇美博物館擁有全球數量最多小提琴收藏，包含百年名琴和世界各大製琴師名作，總計收藏超過千把以上的典藏名琴，透過申請審核，提供國內外音樂學家和琴手使用。此外，館內每天都有定點定時導覽活動（如自動樂器的展演），於入場時可以先行確認時程，才不會錯過唷！就算沒有預約到館內參觀，館外的戶外園區也是非常精彩，可見多種展品。從博物館大道入口即可見整片綠意庭園。阿波羅噴泉廣場每十五至二十分鐘會有噴水表演，奧林帕斯橋可見十二座希臘神的精緻石雕、奧林匹亞草坪、繆思廣場、小天使許願池等，都是免費參觀，也是人氣拍照點！

近年來奇美博物館於特定節日（如聖誕節）或週末假日，會與臺南文創攤家一起舉辦假日野餐或市集活動，整個園區更加熱鬧非凡。二〇一八年更曾與知名手機遊戲 APP「Pokemon GO」舉辦臺南寶可夢限定活動，吸引全世界各地玩家前來抓寶！奇美博物館可以說是臺南必訪的觀光景點，知性、美學、娛樂性兼具，無論是想看展、看蒐藏或是戶外園區參觀藝術雕塑品、單純拍照散步，這裡都能陪你度過一段白日時光。

奇美博物館占地寬敞，
擁有大片綠地

阿波羅噴泉廣場，
有著華麗的阿波羅
石雕和噴水表演

奥林帕斯橋可好好欣賞雕刻
得唯妙唯肖的希臘神石雕

偌大的棋盤狀草地就是繆思廣場，背後就是宏偉的博物館建築

廣場旁有店家攤車，多是臺南知名品牌

草坪可見有趣的裝置藝術，值得到處逛逛

奇美博物館為歐風古典建築，融合了希臘與羅馬的建築風格和古典元素，值得細細觀賞

奇美博物館

地址：臺南市仁德區文華路二段 66 號
電話：06-2660808
營業時間：09:30 – 17:30
休館日：週三、農曆除夕與初一、其他必要休館日會另行公告
大眾運輸交通資訊：
搭乘 5、紅 3、紅 3-1、紅 4 號公車於奇美博物館站下車後，步行 4 分鐘（約 300 公尺）。

官網

奧林帕斯橋也是婚紗拍攝的熱點

↙ 夜晚的奇美博物館

↖ 夜晚的阿波羅噴泉，展現希臘故事般的壯闊迷人

十鼓仁糖文創園區

鄰近奇美博物館的十鼓仁糖文創園區，占地約七公頃，內部共有二十二座日治時期的舊倉庫建築，二〇〇五年在十鼓文創規劃經營下，融入了十鼓獨創之臺灣特色鼓樂，舊糖廠搖身一變為亞洲第一座鼓樂主題國際藝術村。昔日臺灣糖業公司那擁有百年歷史的「車路墘製糖所」，被賦予了生命力，糖廠的往日風華重現，現在更結合了文創及極限體能運動場所，是臺南在地人假日就近旅遊的好去處。

天堂路，讓你一路往糖廠的頂端攀爬，站在高空步道，可臨高俯瞰整個園區之美

園區內有大量的林間步道，夜晚多了路邊燈光照明，更具浪漫氣氛

園區門口告示牌，說明了園區的建立宗旨和百年糖廠保存

內部有多種藝術和遊樂設施，如簡介館、鼓博館、擊鼓體驗教室、十鼓蔬苑餐廳、視聽館、夢糖劇場、極速煙囪滑梯、森林呼吸步道等主題設施，近期又增設多項刺激設施，如糖晶自由落體，站在約七樓的高處，自我挑戰往下一躍的極速快感，吸引不少勇於冒險的遊客前來體驗呢！

夜間的糖晶自由落體，除刺激度加倍外，高空的視野也更加精采

園區內文創商店，可購買各式文創商品

蜜橋咖啡提供午茶組合，舒適又浪漫

蜜橋咖啡上方天花板有著璀璨星空的星座展示，美極了

多座工廠建築可參觀，星光場入內，黑暗中燈光閃耀，也挺刺激

個人也很推薦夜間的十鼓文化村，老糖廠在夜間的燈光映照下變得夢幻無比，頗受遊客喜愛。傍晚時，走上天空步道，全仁德地區風景一覽無遺，還能看見鄰近的奇美博物館；日落時分，看著夕陽的七彩餘暉，城市和園區的燈光一一亮起，夜景絢麗迷人。來到仁德，絕對不要錯過奇美博物館和十鼓仁糖文創園區夜晚美麗風采，值得你沈醉在這片靜謐的光影世界裡。

在舊工廠內用餐也是難得的體驗

十鼓仁糖文創園區

地址：臺南市仁德區文華路二段 326 號
電話：06-2662225
營業時間：09:30 – 21:00（週一星光休園）
大眾運輸交通資訊：
搭乘紅 3 號公車於十鼓文化村站下車後，步行 2 分鐘（約 160 公尺）。

官網

夜晚前往遊覽園區，多了涼爽的天氣和寬敞的遊覽空間

十鼓仁糖文創園區的夜晚之美

4 安平區
夕遊出張所／四草綠色隧道

夕遊出張所內擺設著代表一年 366 天的生日彩鹽

夕遊出張所

夕遊出張所為安平近年來的新興景點，聽阿嬤說，這個地方在很久以前是臺灣總督府專賣局臺南支局安平分室，為日治時期重要的鹽務廳舍，是負責管理食鹽的收納、銷售、檢查等相關事務的重要鹽業中心，頗具歷史意義和經濟價值的一個機構。現在是臺南市市定古蹟，其日洋兼具的外觀，成為安平區頗具盛名的觀光景點之一。夕遊出張所之名為結合「鹽」的日文發音（sio）和出差辦公場所的日文字意「出張」，加上每當黃昏日落之時，此處為觀賞安平夕陽美景的絕佳地點之一，故而命之。

走進夕遊出張所，先被其木造建築所吸引，復古的和風氛圍，讓人的心都靜了下來。門前的老舊單車，述說其歷史；所內的手水舍則為日本神社參拜前必備的設置，搓鹽除穢、手洗雙手潔淨心靈。御手洗檯滌除旅途的疲憊，尋回心靈的幽靜，來到這裡，不妨好好靜心忘念享受這一片幽靜。

夕遊出張所除可觀賞其幽美的木造建築和日式擺設，其內部也有三百六十六種色彩的生日鹽陳列，看見一缽缽繽紛的生日彩鹽，不禁讓人直拍照和找尋屬於自己的生日鹽。這裡也提供伴手禮的選擇，除了臺灣本土自製鹽類相關商品外，亦提供相關生日鹽文創類紀念品，讓你能把美好的記憶帶回家留念。以為只有這樣嗎？這裡還有製作跟鹽有關的食品，將鹽入冰、入飲，不僅有趣又美味呢！

來到安平，一定得來夕遊出張所走一遭，感受日式建築的和雅之美，體驗找尋生日彩鹽的趣味，品嘗臺灣本土製鹽的相關美食喔！別忘了這裡也是夕陽觀賞的好地點，傍晚前到訪，才是真正的「夕遊」。

↖ 夕遊出張所外觀為木造建築

↖ 戶外的人造沙灘，是在地人假日溜小孩的好去處

↖ 一旁有個小神社，御手洗的設置是日本參拜基本禮儀

↖ 所外有輛復古三輪車，是民國初年盛行的交通接駁工具

五彩繽紛的生日鹽，牆邊也有各式粗鹽和食用鹽的實品觸摸體驗和介紹

雪鹽燒（一組六個，內容物是水煮蛋）色彩繽紛，來個敲敲樂，創新有趣又美味！

鹽鹵檸檬梅子水（圖左）喝起來酸甜滋味中帶些鹹味；鹽花冰拿鐵（圖右）漸層吸睛，咖啡香醇厚韻

鹽花甘藷霜淇淋，鮮紅的梅子鹽花點綴，感覺很美～

❊ 夕遊出張所

地址：臺南市安平區古堡街 196 號
電話：06-3911088
營業時間：10:00 – 18:00（週六到 19:00）（全年無休）
大眾運輸交通資訊：
a. 搭乘2、19、77-1號公車於德記洋行安平樹屋站下車後，步行3分鐘（約250公尺）。
b. 搭乘 99 號觀光公車（即時查詢可下載大臺南公車 App）。

官網

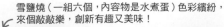

四草綠色隧道

四草是臺南安平的生態旅遊區，而四草大橋則是情侶約會、釣客享受垂釣之樂、安平和四草區往來交通的重要橋道，傍晚時刻更是人群聚集欣賞安平落日的絕佳地點。近幾年，因生態保育意識和人文歷史抬頭，二〇〇九年正式成立全臺第八座國家公園：台江國家公園。公園內擁有兩座國際級濕地：曾文溪口濕地與四草濕地，和兩個國家級濕地：七股鹽田濕地與鹽水溪口濕地。隨著臺南旅遊的興盛，台江國家公園內的四草綠色隧道遂成為熱門旅遊景點！

擁有臺灣熱帶雨林之稱的「四草綠色隧道」位於四草大眾廟旁，大家可以選擇搭乘「竹筏」來遊覽，也可選擇搭乘「四草湖生態觀光船」一覽台江內海的海面風光，而兩設施中最受歡迎的就是「四草綠色隧道」。記得先購買門票、排隊入內，搭乘竹筏時會發放斗笠和救生衣，隨著生態導覽員的目光指引和生動解說，半小時的綠色隧道生態之旅，讓你親身進入國際級濕地，欣賞豐富的濕地生態資源，還能看見歷史舊遺跡：荷蘭人所建的海堡遺址與鰲金局遺址等。大家從小耳熟能詳的紅樹林，根深盤錯在這構成了水上綠色隧道，綠蔭層疊，臺南原生種紅樹林：海茄苳，水筆仔，五梨跤，欖李，一次全覽，豐富度更為全臺之冠！沿途還能看到多種溼地生物：招潮蟹，彈塗魚，水鳥等。

來到臺南，務必把四草綠色隧道列入必遊景點，讓臺南美食之旅結合生態保育，更具知性意義。

↖ 搭竹筏時，需穿戴救生衣和斗笠，是非常特別的生態體驗

↖ 大眾廟的河畔景觀，感受神聖的傳統廟宇建築之美

↖ 沿著越來越窄的河道，竹筏即將駛入綠色隧道

↖ 各植物被標上名稱，也可學習認識到不少植物

↖ 夢幻的綠色隧道，讓大家都驚呼這難得的世外桃源之美

↖ 搭乘竹筏時，除了聆聽導覽人員的解說，也可仔細觀看一旁的濕地，不時會有保育類水鳥探出頭喔

「臺灣袖珍版亞馬遜河」一片綠色湖光，讓人心曠神怡

四草綠色隧道，為紅樹林的根深盤錯而成，極具生態教學的意義

旅程的終點為「鹽金局遺址」，是清朝時期此運河貿易徵收稅金之通關遺跡

四草綠色隧道

地址：臺南市安南區大眾路 360 號

電話：06-2841610

營業時間：夏令時段（清明假期後至白露）：早上 8:30 至下午 5:00、冬令時段（白露後至清明假期）：早上 8:00 至下午 4:30（以現場船班安排為主，團體可網路預約）

大眾運輸交通資訊：

a. 搭乘 2 號公車於四草站下車。

b. 搭乘 99 號觀光公車於四草生態文化園區（大眾廟）站下車後，步行 2 分鐘（即時查詢可下載大臺南公車 App）。

官網

5

鹽水區

月津港燈節／鹽水老街

月津港燈節的燈飾藝術

臺南鹽水 月津港燈節

地址：臺南市鹽水區橋南街 4 號（月津港親水公園）
電話：06-2294916
營業時間：全天開放（點燈時間，每年展期會特別公告）
大眾運輸交通資訊：
a. 臺鐵：搭至新營火車站後，於站前新營客運總站搭乘棕幹線、棕 1、2、3 支線公車在橋南老街站、鹽水站下車。
b. 高鐵：搭至嘉義站轉乘高鐵快捷公車「166 電動巴士」可直達。

官網

提到臺南鹽水區的活動，大家一定跟巨鼠的阿嬤一樣，第一想到的就是鹽水蜂炮，這是鹽水區每年元宵節時會舉辦的民俗活動，此活動從清朝開始，至今已有百年歷史。而「月津港燈節」則是從二〇一二年起開始舉辦的元宵慶典燈會活動，與鹽水蜂炮同樣於元宵時節舉辦，吸引更多遊客於每年新春時節前往旅遊，也促進了鹽水區的觀光。

月津港燈節舉辦的位置就在鹽水區內的月津港，在清朝時期它可是臺灣四大商港之一，擁有「一府、二鹿、三艋舺、四月津」的歷史美名。每到新春和元宵時節，臺南市政府團隊會邀請國內外藝術家一起來布置整座親水公園和周邊環境，透過燈光和藝術作品的搭配展示，成為最美麗的夜間河岸藝術，吸引超多人共襄盛舉，享受這優美的歷史古鎮和夜間河景。

月津港燈節每年都會根據不同的主題，而有不同的燈會裝飾，也因此變成每年必來的慶典盛事之一！要欣賞最美的月津港，一定是晚上的天黑燈亮之際，而白日的月津港則多了一份恬靜和古意。當地政府有規劃「鹽水月津港漫遊」的平日散步路線，大家不妨白日先來到鹽水，跟著導覽人員從月津港邊的橋南老街出發，走訪清朝老街，品嘗鹽水意麵和道地小吃美食。特別推薦必看的景點有：日治時期二層樓街屋、仿巴洛克式建築街景、橋南老街、永成戲院、八角樓、一銀巷、王爺巷、鹽水天主堂、鹽水武廟等。透過步行慢遊鹽水，感受老城鎮的昔日風華，體會不同樣貌的鹽水風光。

為期一個月的月津港燈節，讓月津港變成了最美的夜間河岸，可以看見各式藝術作品的展出

河岸旁的步道妝點為光影街道，非常浪漫

享受完月津港的美麗夜景，記得順著河橋走去逛逛橋南老街，燈節活動時都會有夜市擺攤，非常熱鬧

肆

臺南老屋古風民宿推薦

阿嬤的少女時代必住民宿

1 木門厝

「望悠楓房」舒適的雙人床，後方有大面觀景窗，可以看見隔壁的百年老厝

木門厝

地址：臺南市安平區運河路 13 巷 33 號
電話：0987-608088、06-2208147
營業時間：全天
大眾運輸交通資訊：
a. 搭乘 2 號公車於安平站下車後，步行 2 分鐘（約 180 公尺）。
b. 搭乘 19 延號公車於延平街站下車後，步行 3 分鐘（約 220 公尺）。
c. 搭乘 19 延、77-1 號公車於運河博物館站下車後，步行 3 分鐘（約 230 公尺）。

官網

臺南是個全臺歷史最悠久的城市，古今兼具，是個具有濃厚懷舊風情的現代都市。因老宅的存在，老城市住著老靈魂，展現迷人的古都風情。木門厝為臺南安平巷弄內的七十多年老厝，所在位置是以前安平最熱鬧的區域，對面就是安麗戲院，而木門厝的一樓空間則是一間柑仔店，在當時很多去戲院看戲的人都會來這裡買零食飲料呢！

聽屋主說起，木門厝是臺灣風格的獨棟閩南式建築，擁有明亮的四面採光，大家如果來入住，可以留意老屋內有不同造型的窗花和玻璃窗紋，隨著陽光的照射入室、窗紋反光照明室內空間，充滿了老人家的智慧，隨時間不同而變換的屋內光影，是一種天然的靜謐享受。木門厝擁有現在少見、老屋獨有的鑲嵌窗格，磨石子地板觸感冰涼又滑潤，抬頭可見檜木屋梁和紅磚牆，都是屋主特意保留的古早面貌。木門厝也保留了當時的黑松商標牌、七星汽水鐵牌，鹽牌則是古時候想販賣民生用的食鹽必須申請的特許牌照。

懷舊的氛圍，舒適的房間，能在這享受安平的美好時光，也能透過老窗觀賞安平老厝的紅瓦屋頂和安平風獅爺。

木門厝位於安平巷弄內，附近就是觀音亭、安平周氏蝦捲、阿美螃蟹粥等知名景點地標

七十多年老厝，外觀維護得很好，隔壁紅瓦老屋頂還可見安平風獅爺

外牆有古早的電影告示板

屋內一樓大廳有當年柑仔店的黑松商標牌和七星汽水鐵牌，很懷舊

走進臺南老屋，不難發現鑲嵌入牆的老舊木櫃，後面還可見老屋紅磚牆

二樓客廳，有復古沙發、花布抱枕，最特別的就是一座現在很少見的老舊木櫥櫃

洗石子樓梯、紅漆老扶手，很有老屋的味道

抬頭可見檜木屋梁和紅磚牆

「慢光影房」

慢光影房有舒適床鋪、床邊老茶几

窗邊的古早書桌椅，很有年紀

慢光影房內有座古早保留至今的老衣櫃，很有味道

復古房型內有著現代感浴室，好看又好拍

蛋形浴缸，有著復古電話筒造型蓮蓬頭

木門厝的浴室，美得不像話，無印良品風，給人輕鬆文青感

浴室角落有一株青楓，凋零的枯枝落葉，別有一番蕭瑟

「緩光影房」與「望悠楓房」

「望悠楓房」因房內的青楓樹而名，細長空間，有著大巧思

「緩光影房」有著雙面老窗，大片採光，讓你享受溫暖又迷人的暖陽

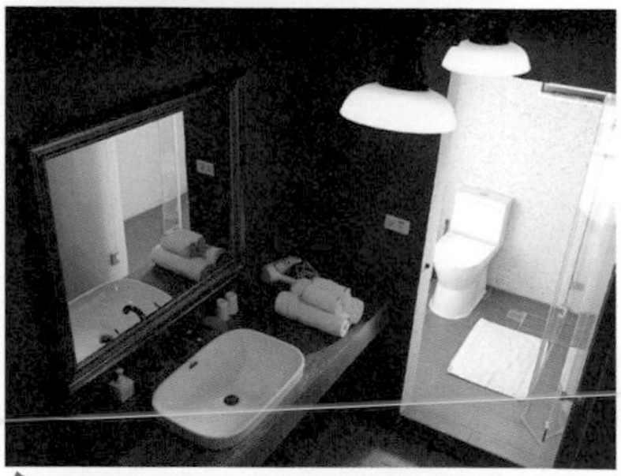

傾斜的樓梯下，是「望悠楓房」獨享的衛浴空間

整修時拆下的舊門窗變成「望悠楓房」的隔間書櫃

2 神榕一四七

歷經四代屋主自住自用的家

※ **神榕一四七**

地址：臺南市中西區神農街 147 號

電話：0910-828821

營業時間：全天

大眾運輸交通資訊：

搭乘0號公車於協進國小（金華路）站下車後，步行2分鐘（約120公尺）。

官網

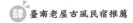

位於神農街尾，有棟特別的獨棟老屋旅宿「神榕一四七」，旁邊就是藥王廟、被供奉為「百年榕松公」的百年老榕樹。神榕一四七跟一般臺南老屋民宿不同的是，這裡一直都是姜家三代的老厝，原是臺南知名的西服工廠「華美被服廠」，一樓是店面、二樓則是女工打版裁布的工作區域，姜家一、二代皆在此祖厝生活、後曾閒置，直到姜家第三代決定把父親的老厝重新整理後，將空間及姜家的故事分享給旅客們。讓更多人能體驗到臺南老屋的獨特魅力和溫暖，學習珍惜和保留老物、老屋，也讓老厝用不同的方式繼續流傳下去。特別一提的是，「神榕一四七」深受日本旅客的喜愛，因此主人還特別準備了日文版的入住說明。

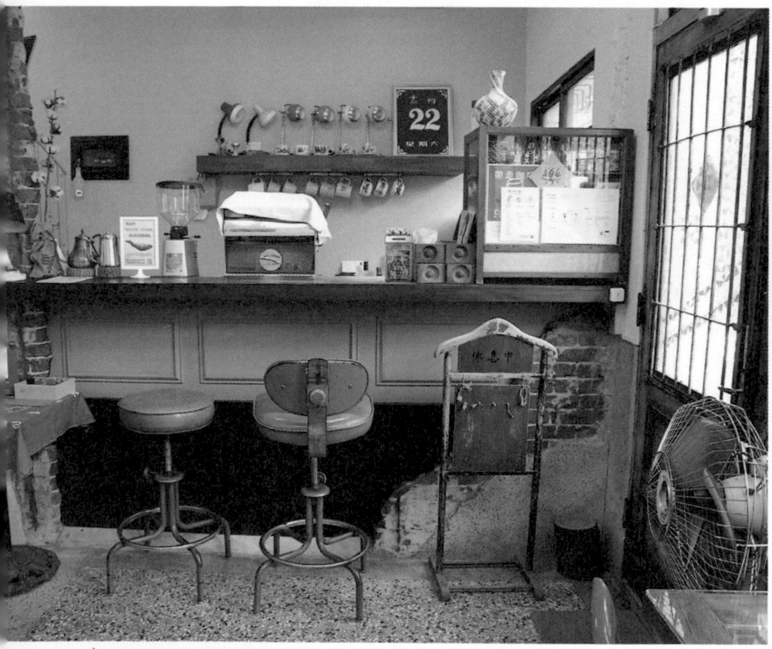

一樓大廳可見許多老物

神榕一四七為神農街尾藥王廟前的老房子民宿，至今已有 58 年

此處原為西服工廠，一樓還留有當時的招牌

順風號電風扇，是屋主的收藏

老宅保存了洗石子樓梯

外牆刻意開設缺口讓百年榕樹生長，樓梯也順著榕樹的生長而轉向

木櫥櫃、內嵌式木製置物架、八角形木頭窗框、裁縫車、老舊告示牌，都是值得保存的老件

浴室非常寬敞，連窗框都還保留原有的木框

經典懷舊雙人房

大面的古早木框玻璃窗，擁有良好的採光，下方還保留了通氣對流窗，床頭上方有古早時候嵌入牆面的木櫃

浴室小巧，頗具現代感

基本日式雙人房

老厝的鐵花窗

小巧空間有著日式床榻，溫暖又舒適；裡頭還留有老祖母的懷舊木作梳妝桌和老件

豪華懷舊四人房

兩張雙人床，可容納四個人入住，且臥室可聞到淡淡的檜木香

古時的電視機、地板是復古洗石子和花磚

有著獨立的樓層、大客廳，非常寬敞

頂樓陽臺是富士山造型的鐵窗花，很特別

波浪狀的牆面老木櫃、古早的變電箱

3

謝宅

忠義路巷弄內的謝宅，外觀樸實的紅色鐵門老宅

臺南　謝宅
地址：臺南市中西區忠義路
電話：0922-852280
營業時間：全天
大眾運輸交通資訊：
搭乘 6 號公車於臺南市美術館 2 館站下車後，步行 5 分鐘（約 400 公尺）。

官網

「臺南 謝宅」可以說是臺南老宅民宿的前驅者，二○○年開始，帶起了全臺對臺南老屋的風潮。最初的謝宅，是一棟座落在臺南市熱鬧老市場內的四十多年老房子，三個成大建築系的畢業生和五個加起來近四百歲的老師傅，將近一年的設計和裝修，讓老房子獲得全新的面貌。

在「謝宅。一」你可以看到生活的真實面貌：窗外的雜亂天際線、鄰居的鐵皮屋頂和水塔、第四臺電線和網路線、老建物西市場的斑駁痕跡、流浪貓咪趴在鐵皮屋頂曬著府城的暖陽，是這個老市區、老市場每天輪番上演的故事！透過老房子、透過童年的記憶，能夠更深入地認識臺南這片土地，用不同的角度去體會臺南風情、臺南老店、臺南的一切。透過大家入住謝宅，回想生活最初的美好和單純。透過謝宅，讓大家喜愛臺南、搬來臺南，跟著這座老城市一起變老、變好、變得更珍惜也幸福，用漫慢的時光和回憶，愛上府城的呼吸！

現在的「臺南 謝宅」，不只一間，而是數間，都座落在臺南這個老市區中！想住在這個緩慢的空間，只能隨緣分，等待謝宅主人的回應安排你住在哪處的謝宅，無論是哪間謝宅，都能盡情享受臺南老屋給予的溫暖和感動。

客廳給人一種與世隔絕的靜謐輕鬆感，不同的時間，不同的光影表現，讓空間呈現不同的懷舊氛圍

老宅才可看見的「嵌入式老木櫃」，櫃子和牆面融為一體

老厝的牆面通常有通氣孔，菱形造型很特別

屋內可見許多年代久遠的老物，都是以前謝家長輩使用過的

「房型一」古色古香，可見許多老物、老件：阿嬤年代的搖搖椅、床頭櫃、木造天花板；另外，大面木造對外窗是直接通到後方庭園澡堂的祕密通道

日式小庭園，有座椅可坐在此聞著各種花香、享受寧靜氛圍

謝宅的浴室位於建築的後方庭園的獨間木造小屋，很特別

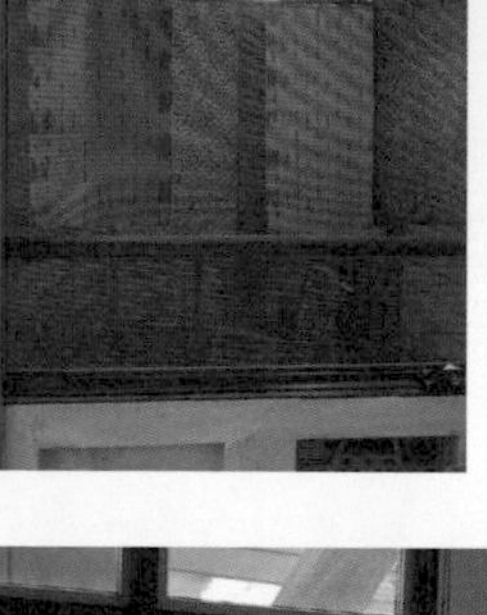

小木屋內有著洗石子大浴缸，周圍是老木窗、老木櫃、老白磚，你可以一邊泡澡，一邊欣賞陽光從手染布間輕灑入內的微光重影

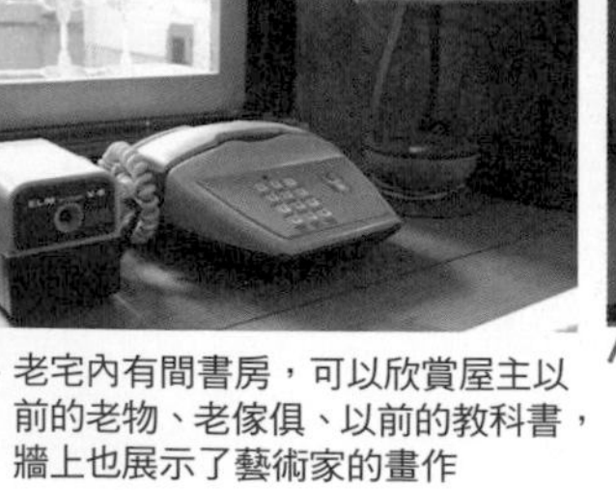

老宅內有間書房，可以欣賞屋主以前的老物、老傢俱、以前的教科書，牆上也展示了藝術家的畫作

日式榻榻米來自於臺南泉興老店，有著雙牆面的老窗，隨著時間有著不同的光影風景

三樓的客廳空間

4 漫步老宅

漫步老宅
地址：臺南市中西區正興街 77 巷 4 號
電話：0958-069737
營業時間：全天
大眾運輸交通資訊：
a. 搭乘 2 號公車於郭綜合醫院站下車後，步行 2 分鐘（約 130 公尺）。
b. 搭乘 14 號公車於中國城（中正路）站下車後，步行 4 分鐘（約 240 公尺）。
c. 搭乘 88 號觀光公車請於中正海安路口站下車、搭乘 99 號觀光公車請於中正商圈站下車，步行 3 分鐘可達（即時查詢可下載大臺南公車 App）。

官網

正興街是臺南熱門的散步景點之一，有好吃好玩、好看好買的，這區域不只是文青風格創意商店林立，這邊的小巷弄也很多，東鑽西晃，一個轉角又是不同的風景。而漫步老宅就位於正興街旁的巷弄中，大家記得仔細看清巷口的路牌，才不會迷路喔！走到漫步老宅前，外觀和一般民宅無異，而窗前的小木檯倒吸引了路人的目光，因為這裡還是個誠實商店，當老宅主人有做茶時，木檯上方就會擺著瓶裝烏龍冷泡茶或黑豆茶，寫上價格，想喝的話，自己拿一瓶走，記得放錢即可。

老宅位於正興街巷弄內，前方是誠實商店

漫步老宅於民國五十三年所建，目前已有五十多年的歷史，為獨棟旅宿，一次只接待一組客人，可以盡情享受獨立的空間和設施。半百的老厝，保存良好，喜歡老房子的旅客，一定會愛上洗石子樓梯那滑潤的觸感，就像回到小時候住在阿嬤家那樣的熟悉和自在。一樓的儲水槽、二樓的木製衣櫃、往三樓的檜木老梯、三樓的紅磚牆，都讓你感受到漫步老宅的老靈魂；其中，檜木老梯，用榫接的方式組合而成，完全沒用到任何釘子，因極度具有珍藏價值，所以屋主特意保留下來。喜歡老屋又喜歡逛街的你，「漫步老宅」距離臺南各大景點都非常近，踏出門外、走出巷弄，就能品嘗正興街的熱門甜點、國華街的在地小吃，保安路、友愛街、水仙宮市場也都在附近，步行即可達，好好來個「漫步」漫遊府城吧！

誠實商店，賣的是欣欣茶店的冷泡茶，是老宅自家耕種的茶葉呢！烏龍茶、黑豆茶，都非常甘醇好喝又沁涼

接待大廳，也提供茶包禮盒的販售

磨石子老梯與扶手鐵欄杆，是早期臺南古厝的標準配備；樓梯下巧妙放了老藤椅，提供休息

一樓洗手間裡可以看到早期家庭必備的儲水槽

老屋裡的樓梯通常較狹窄，磨石子梯格外有老宅氛圍

二樓雙人房，簡單素雅的環境，
可見蠻多有年代的老件

三樓是客廳和浴室，可見老屋的紅磚瓦原貌和結構，非常特別

鑲嵌著透明玻璃的木製衣櫃，在阿嬤那個年代可是稀有品

因為檜木老梯特別狹窄，所以必須以側身的方式來上下移動

5

捉鳳凰　百年老宅

門口上方的鳳凰雕刻木匾展現老屋古風

捉鳳凰　百年老宅
地址：臺南市中西區海安路二段296巷11號
電話：0980-716478、0983-060503
營業時間：全天
大眾運輸交通資訊：
搭乘77號公車、88號觀光公車於神農街（水仙宮）站下車後，步行3分鐘（約210公尺）。

官網

鳳凰八卦窗花，述說了鳳凰城傳說

老宅內可見以前五條港時期常見的街屋構造，上方為住家，下方為店鋪。

跟著阿嬤一起逛逛海安路，發現了這間位於巷弄內百年老宅「捉鳳凰」！阿嬤說，現在的房屋再怎麼「速西」，她偶爾還是會想念小時候住的紅磚屋。

捉鳳凰古質外觀，綠木點綴，彷彿帶我們重回百年前。捉鳳凰這間百年老宅的命名取自臺南的別稱「鳳凰城」，原因在於一個古老的傳說：觀看臺南地形圖，可發現臺南的地形有著七座丘陵，將府城七丘連線可發現像隻鳳凰，而街道與公路系統就像一張網把鳳凰困在臺南這個城市，也因為把鳳凰關在此地，造就了臺南府城的繁華年代。所以，老宅內可見多個鳳凰和鳥類相關的裝飾，宅內也保存了老屋紅磚牆和木框，很有古意！整間老宅有兩間住宿空間，分別以鄰近街道命名：神農街屋、海安屋（也就是臺南火紅的海安商圈和神農老街），並將走廊裝飾成五條港運河，非常有創意和聯想空間！屋內可見古時的街屋造型，值得一覽。

來到臺南，可以試試住在「捉鳳凰 百年老宅」，遙想阿嬤少女時代時的五條港繁榮光景，享受城市的慢活氛圍，讓自己留下一個美好的臺南慢遊經驗！

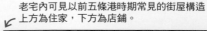

五條港運河走廊，象徵腳下的土地為以前的五條港

老宅的大廳

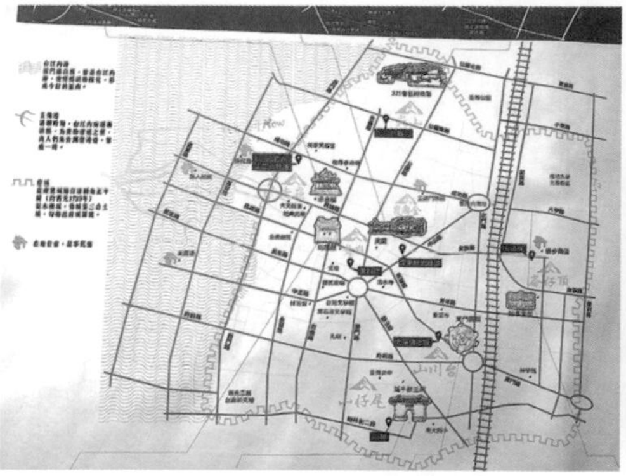

大廳牆上有張古代地形圖，述說鳳凰城傳說

到老宅外，繞到後方可見百年老屋痕跡，百年的紅磚牆特有歷史意義和保存價值

海安屋

海安屋為樓中樓設計，屋內更保留了棵老樹，讓屋內帶些綠意盎然的生氣。

一樓大廳有著舒適的沙發床，也可加床使用，洗手檯為古瓷大碗，別具古意。輕輕走上木梯，就是臥鋪區，可享受綠意和日光。刻意保留的人型屋頂和木窗，浴室的水泥牆，都是老宅痕跡。

神農屋

神農街屋，擁有絕佳景觀，一樓為休息客廳和浴室，二樓為街屋住宅，古老紅磚牆、木頭屋頂和樓梯，空氣中飄著檜木的芳香，打開街屋窗戶，即可俯視下方大廳，老宅木框和鳳凰窗花，述說著老屋年齡。

6 末廣通 Suehirodori 民居

特地設計了步道空間，營造出日治時期末廣町的氛圍

末廣通 Suehirodori 民居
地址：臺南市中西區正德街 32 巷 11 號
電話：0980-716478、0973-246004
營業時間：全天
大眾運輸交通資訊：
搭乘 14 號公車於中國城站（中正路）下車後，步行 2 分鐘（約 110 公尺）。

官網

來到臺南市內曾經最繁華的中正路，你可能不知道在日治時期林百貨周邊區域，就稱做「末廣町」，而林百貨往西的寬闊道路稱做「末廣町通」，在那時期是當時第一條由日本政府整體規劃而設計的街道，也是整個臺南府城最繁華熱鬧之處。聽巨鼠阿嬤說起這地方的歷史，才知道末廣町通還有「臺南銀座」的美稱，又名「銀座通」。那時候的中正路，旁側可是兩排歐式房屋，現今有留下當初歐風外觀的老宅已所剩無幾。「末廣通 Suehirodori 民居」就位於中正路的巷弄中，民宿取作「末廣通」也是為了紀念當時的繁華，也因此你會發現這是一棟有著濃濃日式風格的老宅。

走進「末廣通 Suehirodori 民居」，會驚豔於內部的強烈日式氛圍，無論從建築、裝潢、裝飾物、廚房，彷彿到了日劇中傳統日本家庭一般，簡單優雅，乾淨的不可思議。踏入大門，就像掉入了時空的漩渦，來到日治時期的「末廣通」，有漂亮的歐風路燈、直長的走道、洋風建築陽臺，還有日式榻榻米客廳，拉門拉開就是日風廚房。踏上前往二樓的木梯，半途抬頭即可看見民宿主人特意規劃的投影放映機和一百吋大螢幕，還有多部精選 DVD 影片，讓大家舒服地躺在床上就能看電影。來到末廣通民居，你會愛上那濃厚的日式氛圍，以及如回家般的舒適和感動。

「末廣通 Suehirodori 民居」外觀，全木造老屋，很有日式氛圍

門口旁特地設計了仿日式神社的木檯，上方掛滿了旅客留念的繪馬

提供旅遊書籍和單張，貼心的小管家也會為旅客規劃臺南旅遊行程

一樓環境有大廳、和室榻榻米、廚房，寬敞又舒適，有著濃厚日式氛圍

類似古早時期的街屋設計，二樓為住宿空間，
須小心踩踏木階梯而上

漂亮的廚房是個夢幻空間，雖不能開火，
但提供餐具自由使用

↖ 窗戶下方類似洋樓陽臺的設計，是為了呼應末廣町的林百貨建築方式

↖ 二樓的臥室，有著舒適的和式臥鋪

↖ 北歐式的木屋頂，給人一種回家的溫暖感受

人字屋頂開了多扇天窗，採光良好，可以看到日光輕瀉入室的異國浪漫情懷

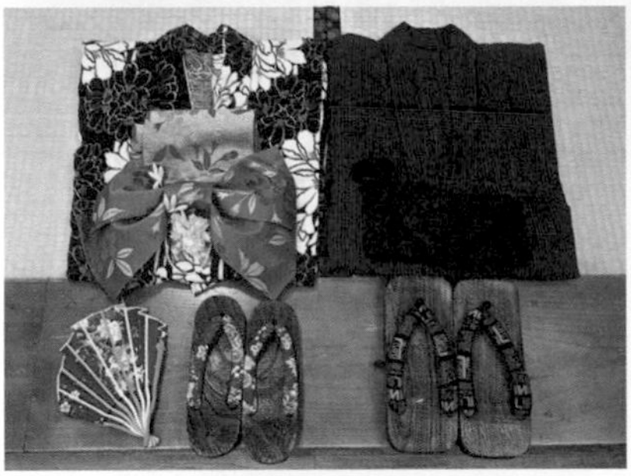

提供日本浴衣免費體驗

提供雙衛浴室空間，馬賽克澡缸很吸睛

從二樓俯視屋主特意營造的日治時期末廣通街道

未艾公寓位於正興街巷弄內，循著路標即可到達

7 未艾公寓

未艾公寓

地址：臺南市中西區正興街 77 巷 10 號

電話：06-2226696（訂房諮詢時間 09:00-20:00）

營業時間：一樓展覽、用餐 12:00-18:00／住宿不限

大眾運輸交通資訊：

a. 搭乘 99 號觀光公車於中正商圈站下車後，步行 3 分鐘（約 250 公尺）。

b. 搭乘 14 號公車於中國城（中正路）站下車後，步行 4 分鐘（約 260 公尺）。

官網

唯有抱持著一顆好奇的心，穿梭在臺南巷弄裡，才會發現未艾公寓這棟屋齡接近半百老公寓，在臺南老街小巷中等待著你！走進公寓，裡頭的空氣流動是緩慢的、氛圍是安靜愜意的。一樓有不同的品牌進駐，目前有職人巧克力、咖啡廳；二樓以上則為旅客住宿、藝術家長住。

小時候跟著阿嬤來這鑽過巷弄，阿嬤曾說過這棟未艾公寓在她的年代是出租公寓，住過社會各階層、形形色色的人們，演出了一齣齣的人生故事，後來，歲月更迭，公寓頹圮曾經被閒置。直到現在的經營者愛上老屋的氛圍，喜愛臺南這片土地、老巷弄，想到了《詩經．小雅．庭燎》有句：「夜如何其？夜未艾」（夜深又如何？夜晚還沒結束呢！）老屋雖然跟著歲月變的老舊、殘破，但是屋子還在、精神還在，從那時生活至今的人們仍述說著當初的故事，一直、一直地，如「未艾」二字，還沒結束呢！「未艾公寓」就此誕生。現在的未艾公寓更加的明亮清爽，透過空間設計、手工傢俱、藝術家、設計師，從半世紀老屋搖身一變為說故事、傳達理念的展覽場、咖啡館、旅店。

未艾公寓，歡迎各位旅客來感受臺南巷弄裡的老屋新活力，也能進來一樓大廳欣賞藝術家的畫作，聽聽這裡的、那裡的、誰的故事！

一樓大廳為「未艾閱讀咖啡」，下午茶時段提供特調飲品、咖啡、茶和手作甜點

入住報到櫃檯，有著象徵「未艾」的「WLove」英文字樣，帶些時尚感

住房區的樓梯有著大片彩繪玻璃，
黃藍色塊搭配，很吸睛

老屋裝修時，特地設計大面採光窗，可欣賞迷人的復古窗花和街景

公寓不供餐，精緻的早午餐僅提供給住宿者享用

一樓進駐的「巧克力 R 職人工作室」販售精緻美味的巧克力

房型一

溫暖的橘白搭配，
搭配復古老件的傢俱，
大面採光給人舒適感。

房客限定的中式早餐

房客限定的西式早餐

傳說伯爵奶茶、鮮奶茶，有著迷人的果香

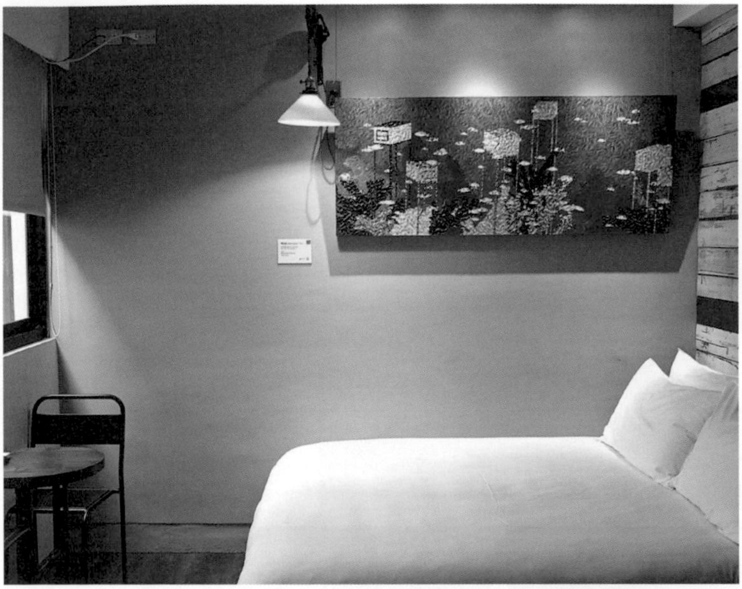

房型二

牆面有藝術家畫作裝飾，房內照明燈是電影膠捲風格，是間充滿創意的藝術風格房。

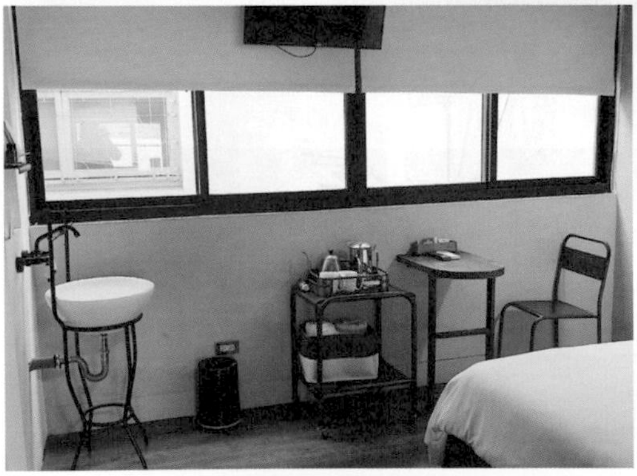

房型三

擁有純白色系的簡單裝潢，窗簾拉起就是臺南的天空；黑白色系的浴室，給人歐風時尚感。

未艾微藝廊

不定期有藝術家作品展出，現場也有紀念章提供留念。

8 石門紅樓　安平老屋空間

復古風的洗手檯原是老屋的石灶，特別保留了部分老磚，牆面有磚貼的安平古堡

石門紅樓　安平老屋空間

地址：臺南市安平區效忠街 44 巷 10 號
電話：0906-588628
營業時間：09:00 – 24:00
大眾運輸交通資訊：
a. 搭乘 2 延、19 延、77-1 號公車於延平街站下車後，步行 2 分鐘（約 190 公尺）。
b. 搭乘 99 號觀光公車請於延平街站下車，步行 2 分鐘（約 190 公尺）（即時查詢可下載大臺南公車 App）。

官網

安平對臺南來說，也是個擁有三百多年歷史的舊社區。「石門紅樓　安平老屋空間」就位於安平歷史聚落中，此聚落由政府協助保存修復，整個街區聚落相較安平其他區域，則顯現了較久遠以前的歷史風貌，你可以看到此區的房屋幾乎都維持古早的紅磚老屋外觀，以保留此百年聚落的史跡。

石門紅樓是一棟兩百年的老屋，使用傳統的紅磚工法建成，建築形式是安平老聚落中常見的「一條龍」經典格局。因為閩南式老屋常有正廳、旁廳的空間分別，所以仔細觀察，可發現到各廳室都設有對外的通道門，非常特別的「多門」設計。

兩百年老屋比起其他老屋，感覺格外有歷史古味，而且聽屋主說起，這檜木紅磚老屋冬暖夏涼，充滿老人家的智慧。安平的夜晚，特別的安靜，不妨入住古老聚落的石門紅樓，享受那淡雅檜木香，遙想百年前的安平風華，靜心享受這難得一見的百年建築。

整棟老屋的天花板、木頭柱，都是百年流傳至今的檜木屋架

石門紅樓所在區域為安平內現存的極古老聚落

石門紅樓為安平老聚落內常見的一條龍式老建築

客廳可見復古沙發椅、老行李箱、以前的飲料木箱，都是少見的骨董

客廳有著架高臥鋪，榻榻米提供加床服務，而牆面特別保留了安平老地形的紅磚牆

老木牆隔起了一間四人臥榻，全室飄著淡雅木香

桌上置物架是古早的汽水木箱

偏廳另有一間雙人房，裡面擺放屋主收藏的骨董化妝檯、復古圓桌，很有古早氛圍

在「石門紅樓」內可以看到不少扇這樣的通行小門，是閩式建築常見的設計

連浴室天花板上方也可見百年老屋的檜木梁柱

民宿貼心準備了雙間浴室，裡頭有復古的婚慶囍字臉盆

懷舊的馬賽克浴缸

伍

特別企劃

臺南老街旅遊行程規劃

1 臺南一日老街文化美食輕旅遊

09:00 先去小西門附近吃飽飽

臺南人澎湃的早餐就是要吃這一味，鹹粥、香煎土魠魚、油條，給你一天滿滿的活力

臺南的第一站，巨鼠推薦大家的是最頗為人知的阿堂鹹粥、在地人口袋名單的大勇街無名鹹粥。若是選擇品嘗阿堂鹹粥，隔壁就是在二〇一二年天秤颱風來襲，當時的臺南市長坐鎮整晚後的第一頓早餐包成羊肉，這兩間在假日經常大排長龍，若不耐久候，大勇街無名鹹粥平價美味、清甜的湯頭，也是不錯的選擇。

阿堂鹹粥

地址：臺南市中西區西門路一段 728 號　電話：06-2132572
營業時間：05:00 – 12:30　公休日：週二
大眾運輸交通資訊：
a. 搭乘 1、2、5、5 區、10、11、18、19、藍 23、藍 24、綠 17、紅 2 號公車於西門友愛街口站下車後，步行 2 分鐘（約 160 公尺）。
b. 搭乘 6 號公車於府前路站下車後，步行 1 分鐘（約 100 公尺）。

官網

一碗當歸羊肉片搭配一碗白飯，
就是暖胃飽足的臺南人早餐

當歸羊肉湯，溫體羊肉片清涮一下
即上桌，羊肉口感鮮嫩，沒有惱人
的羊羶味，只有羊肉的清甜滋味

包成羊肉

地址：臺南市中西區府前路一段 425 號　　電話：06-2157171
營業時間：05:00 – 11:00　　公休日：週一
大眾運輸交通資訊：
a. 搭乘 1、2、5、5 區、10、11、18、19、藍 23、藍 24、綠 17、紅 2 號公車於西門友愛街口站下車後，步行 2 分鐘（約 160 公尺）。
b. 搭乘 6 號公車於府前路站下車後，步行 1 分鐘（約 100 公尺）。

官網

除了鹹粥外，多種在地小吃更不容錯過。海安路和保安路口附近的集品蝦仁飯，源自日治時期做給日本官兵所吃的飯，選用在地火燒蝦，大火快炒後，使用逼出的蝦仁湯汁和飯粒和在一起，再將蝦仁加入後拌炒而成的日式風味蝦仁飯。每顆飯粒都吸附火燒蝦的鮮味和湯汁，吃起來每一口都是鮮蝦的濕軟滋味，搭配香彈的火燒蝦，再加顆半熟鴨蛋，將鴨蛋戳破後，金黃蛋液流瀉，和蝦仁飯混合後品嘗，蝦的鮮味伴隨蛋香，越吃越涮嘴，濕軟濃郁的滋味，就是臺南在地人喜愛的風味小吃。

店家嚴選臺南在地火燒蝦，當天現炒才能製成蝦味十足的蝦仁飯

必點蝦仁飯、半熟煎鴨蛋、香腸

集品蝦仁飯

地址：臺南市中西區海安路一段 107 號　　電話：06-2263929

營業時間：09:30 – 21:00　　公休日：無固定

大眾運輸交通資訊：

a. 搭乘 6 號公車於保安宮站下車後，步行 3 分鐘（約 200 公尺）。

b. 搭乘 6、14 號公車於康樂街口站下車後，步行 3 分鐘（約 240 公尺）。

官網

11:00
到百年老宅喝咖啡，躲躲臺南的豔陽

吃飽，當然也要喝足。緊接著，巨鼠要推薦孔廟園區的窄門咖啡。店家特色在於入口寬度只有三十八公分，身材夠苗條才進的了店家。百年老屋，精緻的咖啡飲品、手作甜點，給你放鬆自在的氛圍。

12:00
到孔廟園區賞老廟、逛老街

來到全臺首學的臺南孔廟，務必好好逛逛這座臺灣國定古蹟。園區內古樹蒼鬱，孔廟建築宏偉莊嚴，格局完整，假日有時會有小型演奏表演。孔廟對面的府中街，亦有多種臺南小吃和文創小店，好吃好買又好逛，府中街底的兩元黑輪更是不能錯過的超平價小吃，煮物烤物皆有，吃完的竹籤放入桌上圓桶後，再誠實地拿著圓桶到櫃檯結帳，非常有趣又懷舊。

↖府中街況

↖不老莊藥膳香腸

↖兩元黑輪

↖椪糖手作體驗

武德殿

劍道練習，呈現日式學校的味道

神社事務所，可見臺南神社的外院舊跡，現為忠義國小圖書館

緊鄰孔廟的忠義國小，是全臺少見的學校與古蹟並存案例，近期的校園規劃，結合了建築美學，融合了古蹟和文化，堪稱為全臺最美的日式建築小學。其內有日本味濃厚的武德殿建築、原臺南神社事務所、入神社參拜前洗手淨口的御手洗湧泉石檯遺跡，木架長廊、碎石水道的日晷、仿日式神社庭園的親水河道，都是極為好拍且具歷史意義的優美建築，展現孔廟文化園區的古文化新意象。

忠義國小

開放時間：週一至週五 17:00 – 18:00，週六、日、例假日和寒暑假為 07:00 – 18:00，夜間 18:00 後管制不開放。

13:30
走訪百年臺南州廳

臺灣文學館

鄰近的臺灣文學館，也是不容錯過的百年歷史國定古蹟，其前身為日治時期臺南州廳，可欣賞日治時期官式建築的特色，整體為歐日融合的建築，帶有歐洲城堡的氛圍，卻又融合日式的典雅。除了建築價值外，內部還有各式臺灣文學的史料收集和人文展覽，為全臺首座國家級的臺灣文學圖書館。

15:30
走訪安平運河，前往安平老街，必經美味小吃

周氏蝦捲外觀

前往安平的途中，可見運河旁的小吃與伴手禮店林立，周氏蝦捲為臺南必吃小吃之一，下午前往品嘗，可避開正午用餐人潮，悠閒地品嘗美味小吃。附近也有知名的伴手禮店家，如依蕾特布丁、所長茶葉蛋。

蝦捲、擔仔麵、乾米粉、花枝丸、花枝排都是不容錯過的美味小吃

臺南特有的魚鬆飯

所長茶葉蛋，與周氏蝦捲相隔數間店面，步行可達

必買茶葉蛋、特有的「豆干堡」為豆干製成的臺式漢堡

周氏蝦捲

地址：臺南市安平區安平路408-1 號
電話：06-2801304
營業時間：10:00 – 21:30（全年無休）
大眾運輸交通資訊：
搭乘 2 號公車於望月橋站下車後，步行 1 分鐘（約 26 公尺）。

官網

所長茶葉蛋

地址：臺南市安平區安平路 452 號
電話：06-2221323
營業時間：10:30 – 21:00（全年無休）
大眾運輸交通資訊：
搭乘 2 號公車於南興站或望月橋站下車後，步行 1～3 分鐘可達。

官網

16:30
聽著安平追想曲，享受安平的美好風光

夕遊出張所為安平近年來的新興景點，其原為臺灣總督府專賣局臺南支局安平分室，為日治時期重要的鹽務廳舍。除了其歷史意義，其木造建築和內部展示的七彩生日鹽，都非常具有觀賞價值。來到安平，一定得來走一遭，裡面還有三百六十六天的繽紛色彩的生日鹽，快來找找屬於自己的生日彩鹽喔！此處還是夕陽觀賞的好地點，傍晚前到訪，才是真正的「夕遊」。

夕遊出張所

一年 366 天的生日彩鹽，五彩繽紛，十分吸睛

看完夕陽，前往安平老街，可避開白天的擁擠人潮，又比較不炎熱。可以看到街頭藝人用表演籌措旅費，簡單的工具製作出泡泡，孩子們蜂擁而上爭相拍打，歡笑嬉鬧聲滿溢空中，一旁的父母臉上也漾起了幸福的笑容，投下那小小的硬幣在募款豬公內，這就是屬於臺南的小小確幸，樸實簡單的幸福。安平老街，除了德記洋行、安平樹屋等古蹟之外，也有不少小吃攤販，彷彿小型夜市一般，在這裡有吃有喝又有玩，還能採買一些伴手禮或工藝品。連有速食界南霸天之稱的「丹丹漢堡」，也在這裡設點喔！

走在安平老街上，不時可見安平的吉祥物代表「劍獅」的圖騰

安平老街內有古蹟和小吃，還有二手書店和文創攤位

安平老街

地址：臺南市安平區延平街

電話：06-2951915

營業時間：平日 11:00 – 18:00，假日 10:30 – 20:00（全年無休）

大眾運輸交通資訊：

a. 搭乘 2、19、77-1 號公車於延平街站下車後，步行 1 分鐘（約 75 公尺）。

b. 搭乘 99 號觀光公車（即時查詢可下載大臺南公車 App）。

官網

18:15
阿嬤最愛喝的飲料攤

前往藍晒圖的路上，會經過有名的小西腳青草茶，是臺南老牌飲品，現已到第三代經營，來到這務必來一杯消暑神飲。店家有杯裝與瓶裝兩種設計，方便拿著直接喝，也是臺南的精選伴手禮！

務必試試這甜而不膩，帶有清涼薄荷香的臺南在地飲料

小西腳青草茶
地址：臺南市中西區西門路一段 763 號
電話：06-2281839
營業時間：08:00 – 22:30（全年無休）
大眾運輸交通資訊：
搭乘 6 號公車於府前路站下車後，步行 2 分鐘（約 170 公尺）。

18:30
日治時期的木造建築──臺南舊司法宿舍群

美麗的藍晒圖，在夜晚中更能顯出其飄渺之美。藍光映照，立體圖騰，園區內還有多面彩繪牆、文創小店及美味餐點。務必帶著一顆尋寶的心情，好好的用眼用心用味蕾感受此園區的美好。

藍晒圖文創園區

文創小店和大幅藝術壁畫

園區內的街頭美式脆薯，都是極受遊客歡迎的散步美食

繽紛造型義式雪糕冰棒，口味天然有創意

藍晒圖文創園區

地址：臺南市南區西門路一段 689 巷　　電話：06-2227195

營業時間：園區 24 小時開放；旗艦區餐廳中午時段即有營業；微型文創工作室 14:00-21:00（週二公休）

大眾運輸交通資訊：

a. 搭乘 1、2、5、11、18、藍 24、綠 17、紅 2、紅幹線公車於新光三越新天地站下車後，步行 1 分鐘（約 22 公尺）。

b. 搭乘 10、19、藍 23、藍幹線、H31 號公車於永華站下車後，步行 2 分鐘（約 130 公尺）。

官網

園區內優質餐廳「小覓秘麵食所」

小覓秘麵食所招牌必點鮮燙玫瑰牛肉翡翠麵、限定版蛤蠣雞肉鹹豆漿湯麵

小覓秘麵食所招牌必點宮廷御膳藥燉排骨湯麵

20:30
夜遊五條港百年老街，感受寧靜氛圍

最後，再來到臺南有名的五條港園區，小小一條老街擁有三百年的歷史，為全臺南保存最完整的老街。北勢街位於五條港中的南勢港之北側（又稱為北勢港）而得名，而現今為臺南市中西區的神農街東半部（即信義街以東的部分），故可稱北勢街為現今神農街的一部分！神農街裡有滿多文創店攤和小物，給予新銳設計師一個展現想像和文創設計的發揮平臺。這條街的美，是在入夜後的天黑燈亮之時，更有一番古意。地上石磚和刻字，五條港代表圖騰的水溝蓋，老屋建築和老店家，文創和復古，都在這條街共存。

神農街（北勢街）內以及外側的海安路上不僅小吃美食林立，也是最夯的各式投幣販賣機聚集處

夜晚的神農街景

臺南老街的路面水溝蓋會有該區的代表圖騰，具有獨特的意義

神農街。北勢街

地址：臺南市中西區神農街
電話：06-2991111（臺南市政府文化觀光處）
營業時間：全天開放
大眾運輸交通資訊：
a. 搭乘 7 號公車於神農街下車後，步行 1 分鐘（約 20 公尺）。
b. 搭乘 88 號觀光公車（即時查詢可下載大臺南公車 App）。

第一日 10:00 欣賞百年歷史文物

2

臺南二日老街文化美食暢遊行程

奇美博物館是臺南重要地標景點之一，擁有豐富的西洋藝術、樂器、兵器等收藏，除此之外，這邊還有全球數量最多的小提琴收藏，大家可事先於線上預約室內展覽參觀，入場時也務必留意特殊的定點定時導覽活動，如早期的發條時鐘或自動樂器展示表演，非常值得一看。如果沒能順利入館參觀，戶外也有多種展品、雕塑像可觀覽拍照，是個知性美學兼具的觀光景點。博物館的室內有餐廳、咖啡廳，室外有知名店家餐飲攤車，方便遊客用餐；也可購買奇美博物館的紀念商品做為伴手禮。

奧林帕斯橋上的希臘神石雕

12:30
百年糖廠巡禮、園區內餐廳享用美味的午餐

奇美博物館旁就是十鼓仁糖文創園區，百年糖廠轉變為亞洲第一座鼓樂主題國際藝術村，內部有多種藝術、遊樂設施和極限體能運動體驗，無論白天黑夜各有不同的風情，務必順遊。內部也有多間主題餐廳和咖啡廳提供遊客選擇，門票可抵部分消費，大家可以一併在園區內用餐。

老糖廠的工廠建築，變成浪漫的藝術展場

14:00
古老米街文化巡禮，特色咖啡店品嘗休息

新美街為臺南的老街之一，古代街名及其特色由北至南分別為：米街（文創甜點咖啡店）／抽籤巷（彩繪牆與特色老店）／帆寮街（小吃與特色老店）。值得大家用散步慢遊的方式體會老街風情。此外也有不少特色美食店家，大家可以邊逛邊吃。

大天后宮旁的兩角銀，是知名的冬瓜茶專賣店

大天后宮為國定一級古蹟，擁有 300 多年歷史，以及豐富的文化背景

臺南府城關帝港—昭玄堂燈籠香舖為臺南少見的手工燈籠店

恭仔肉燥意麵為在地 70 年小吃老店

隆興亞鉛店為 60 多年歷史的手工製器店

新美街

地址：臺南市中西區新美街

營業時間：全天（夜晚請留意音量，勿打擾居民休息）

大眾運輸交通資訊：

a. 搭乘 3、5、77 號公車於赤崁樓站下車後，步行 2 分鐘（約 140 公尺）。

b. 搭乘藍 23、藍 24 號公車於西門圓環站下車後，步行 1 分鐘（約 80 公尺）。

c. 搭乘 88、99 號觀光公車（即時查詢可下載大臺南公車 App）。

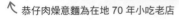

15:30
跟著阿嬤迺大菜市／正興街／國華街

正興街、國華街為臺南現在最熱門的美食景點區域，假日可說是人潮滿滿，若平日前往會較人少悠閒。而西市場（大菜市）就位於兩街交接處，裡頭有多家歷史悠久的老店小吃，是大家來臺南旅遊必吃的美食清單，都值得一嘗。

鄭記土魠魚羹必吃的紅燒土魠魚羹和土魠魚塊

「茶經　異國紅茶」嚴選正宗的原產地紅茶葉，堅持使用陶壺烹煮，讓大家喝到健康美味的紅茶

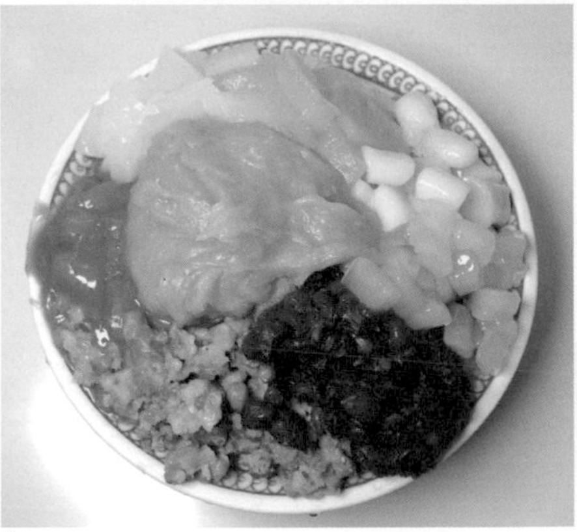

80 多年老店「江水號」的八寶冰為人氣必點

阿瑞意麵傳承四代，必吃手工意麵和餛飩

大菜市／正興街／國華街

地址：臺南市中西區正興街／國華街

營業時間：依店家為主

大眾運輸交通資訊：

a. 搭乘 14 號公車於中正商圈站下車後即可達。

b. 搭乘 2 號公車於郭綜合醫院站下車後即可達。

c. 搭乘 88、99 號觀光公車（即時查詢可下載大臺南公車 App）。

18:00
品嘗飄香 50 年，臺南獨有的魚麵

晚餐的部分，可以嘗試看看民生路的50年老店「卓家汕頭魚麵」—魚麵是由百分百的狗母魚肉泥摔打、搓揉製作成魚漿後，再擀成麵皮切成麵條。不規則的魚麵，呈現出手工作法，吃起來口感是軟Q的，淡淡的魚香滋味，整體有嚼勁，吃起來很涮嘴！

卓家汕頭魚麵，推薦必吃：魚麵、肉燥飯、滷蛋、滷豆腐、魚冊湯

卓家汕頭魚麵

地址：臺南市中西區民生路一段 158 號
電話：06-2215997
營業時間：10:00 – 20:00（全年無休）
大眾運輸交通資訊：
a. 搭乘 10、11 號公車於中華電信站下車後，步行 3 分鐘（約 270 公尺）。
b. 搭乘 2 號公車於郭綜合醫院站下車後，步行 3 分鐘（約 220 公尺）。

19:00
臺南的飯後水果社交文化

吃完魚麵，可去附近的水果店吃水果切盤、喝果汁、再來碗澎湃的水果冰！如果要吃水果冰，我最推薦的是裕成水果店，如不吃冰，附近還有三間水果老店任君挑選。

20:00
神農街閒步，享受夜晚的神農街浪漫之美

吃飽散步，有易消化和健康，來去神農街走走吧！夜晚亮起了昏黃的路燈，蒙上一層神祕面紗，人潮也會少一些，喜歡拍照的人，這時來可以拍出格外有古都氛圍的老街喔！

裕成水果店
地址：臺南市中西區民生路一段 122 號
電話：06-2296196
營業時間：12:30 – 02:00（週一公休）
大眾運輸交通資訊：
a. 搭乘 10、11 號公車於中華電信站下車後，步行 2 分鐘（約 190 公尺）。
b. 搭乘 5、5 區間、7、14、18、藍 23、藍 24、綠 17 號公車於西門民權路口站下車後，步行 3 分鐘（約 250 公尺）。

裕成水果店，新鮮果汁牛奶、番茄切盤為必吃，夏季有限定的芒果牛奶冰。

22:00
臺南越夜越美麗，來去逛夜市

來到臺南，晚上一定要去逛夜市，一個禮拜可逛的夜市口訣「大大武花大武花」一定要記得，才知道星期幾要去哪個夜市喔！夜市美食超級多，請一定要預留胃的空間再前往！不然看得到卻吃不下，真的很可惜。

臺南夜市擁有多種美味的夜市小吃

花園夜市
地址：臺南市北區海安路三段 533 號
電話：06-3583867
營業時間：17:00 – 01:00
公休日：週一、週二、週三、週五（只在週四、週六、週日營業）
大眾運輸交通資訊：
搭乘 11 號公車於花園夜市（和緯路）站下車後，步行 2 分鐘（約 130 公尺）。
搭乘 0 號公車於花園夜市站下車後，步行 1 分鐘（約 72 公尺）。

武聖夜市
地址：臺南市中西區武聖路 69 巷
電話：0929-188085
營業時間：18:30 – 01:30
公休日：週一、週二、週四、週五、週日（只在週三、週六營業）
大眾運輸交通資訊：無

大東夜市
地址：臺南市東區林森路一段 276 號
電話：06-3355301
營業時間：18:00 – 01:00
公休日：週三、週四、週六、週日（只在週一、週二、週五營業）
大眾運輸交通資訊：
搭乘 0 號公車於大東夜市站下車後，步行 4 分鐘（約 300 公尺）。

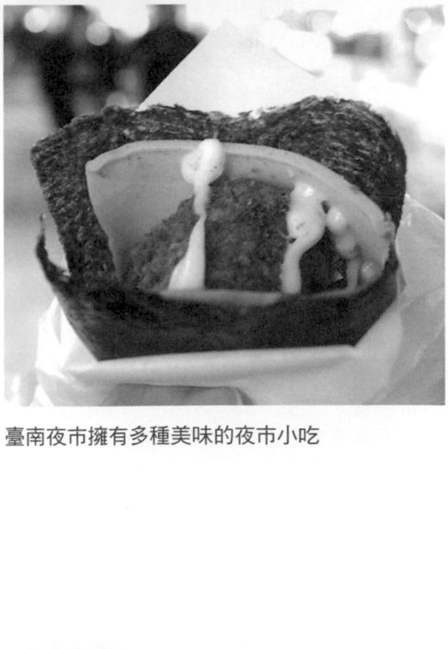

臺南夜市擁有多種美味的夜市小吃

23:30
臺南老宅睏一眠

到臺南，一定要挑間老屋民宿，享受臺南老宅的獨有風情。

第二日 09:00 享用美味的早餐

如果早晨想品嘗中式早餐，可以試試民權路的無名早餐店，美味的燒肉蔥蛋餅，讓人一吃就上癮。西式早餐則推薦口袋名單的一緒二咖啡，以健康取向的手作清爽早午餐，讓人吃的開心又飽足。

民權路亞義號旁的無名早餐店

亞義號旁的無名早餐店
地址：臺南市中西區民權路三段 169 號
電話：06-2289971
營業時間：06:00 – 12:00
公休日：週日
大眾運輸交通資訊：
a. 搭乘 77、88、88 區公車於神農街站下車後，步行 3 分鐘（約 200 公尺）。
b 搭乘 0 左、 0 右公車於協進國小（金華路）站下車後，步行 2 分鐘（約 160 公尺）。

一緒二咖啡的美味早午餐

※ **一緒二咖啡 Café IsShoNi**
地址：臺南市中西區康樂街 160 號
電話：06-2216813
營業時間：平日 09:00 – 16:00 ／假日 09:00 – 18:00
公休日：週二
大眾運輸交通資訊：
搭乘 2 號公車於郭綜合醫院站下車後，步行 2 分鐘（約 280 公尺）。

官網

11:00
漫步神農街

白天的神農街，可以細細觀賞老屋建築，街尾端有永川大轎工藝，為一甲子的著名神轎、宗教藝品老店，讓傳統技藝永續經營和傳承。附近有家肥貓咖啡，是IG網紅打卡熱點，店內提供美味又吸睛的甜點和咖啡，還有親人的店貓駐店。

肥貓咖啡

肥貓咖啡
地址：臺南市中西區神農街 135 號
電話：06-2205688
營業時間：13:30 – 18:30（全年無休）
大眾運輸交通資訊：
搭乘 0 號公車於協進國小（金華路）站下車後，步行 2 分鐘（約 120 公尺）。

官網

有邑家 Home from Home Café 店內舒適的布置風格

13:00 海安路

海安路很長，個人推薦不同區段的兩家優質店家：黃火木舊臺味冰店、有邑家 Home from Home Cafe。黃火木舊臺味冰店為臺南大菜市裡的江水號兄弟店，提供更多品項的古早味冰品；有邑家 Home from Home Cafe 則是近期 IG 打卡的熱門咖啡店，除了提供專業的咖啡外，另有美味的手作輕食餐點，隱藏版廣式腸粉更是口味道地的超限量版。

有邑家 Home from Home Cafe
地址：臺南市北區海安路三段 147 號
電話：06-3580947
營業時間：11:00 – 20:00
公休日：不定期，詳見店家公告
大眾運輸交通資訊：
搭乘 0 號公車於臨安海安路口站下車後，步行 2 分鐘（約 150 公尺）。

官網

有邑家 Home from Home Cafe，
提供好喝的咖啡，招牌必點輕食：
水牛起司鮮蔬厚片吐司、薯球

位於府前路與民族路段間的海安路上有個新興拍照景點「街道美術館 PLUS」，由多組藝術家的藝術作品合作組成，光＋影＋裝置藝術的呈現，讓海安路多了一股文藝氣息，而且越夜越美麗。

夜間的街道美術館 PLUS

街道美術館 PLUS
地址：臺南市中西區中正路與海安路交叉口
營業時間：全天候
大眾運輸交通資訊：
a. 搭乘 14 號公車於中正商圈站下車後，步行 1 分鐘（約 80 公尺）即可達。
b. 搭乘 88、99 號觀光公車（即時查詢可下載大臺南公車 App）。

官網

15:30 保安路

保安路可說是臺南美食集散地，小小一段路擁有超多經典美食小吃，經典必吃的：阿明豬心、醇涎坊鍋燒麵、阿娟咖哩飯、阿龍黑白切等，都是在地人從小吃到大的好味道。特別推薦：「阿卿杏仁茶」有好喝香醇的杏仁茶、手工湯圓（圓仔）、綠豆蒜、剉冰等，每到晚上消夜時間便大排長龍；保安路和海安路交叉路口的「阿川紅燒土魠魚焿」，吃得到超新鮮的土魠魚，紅燒焿湯帶有獨特的香甜，也是在地人氣美食！

綠豆蒜、剉冰

阿卿杏仁茶

※ **阿卿傳統飲品冰品**
地址：臺南市中西區保安路 82 號
電話：06-2262799
營業時間：14:00 – 23:00（全年無休）
大眾運輸交通資訊：
搭乘 6 號公車於保安宮站下車後，步行 1 分鐘（約 70 公尺）。

官網

※ **阿川紅燒土魠魚焿**
地址：臺南市中西區海安路一段 109 號
電話：06-2274592
營業時間：10:00 – 21:00（全年無休）
大眾運輸交通資訊：
搭乘 6 號公車於保安宮站下車後，步行 2 分鐘（約 120 公尺）。

阿川紅燒土魠魚焿

清水堂愛玉，每天店家自製手洗愛玉，口感咕溜、特別有彈性，新推出的抹茶愛玉吸睛又美味，老闆堅持手削碎冰，現在已少見

17:00
阿嬤最愛喝的飲料攤

前往藍晒圖文創園區的路上，會經過小西腳青草茶、清水堂愛玉。小西腳青草茶為臺南老字號的青草茶，古早味的飲品清涼解渴；清水堂愛玉為近年來竄起的人氣甜品飲料店，全臺首創的愛玉三吃，讓大家品嘗到愛玉不同的風味，還會有季節限定的水果風味愛玉冰、抹茶愛玉，浮誇好拍又好吃。

清水堂愛玉

地址：臺南市中西區西門路一段 767 號
電話：0976-554730
營業時間：12:00 – 18:00（臨時異動以店家官網公告為主）
大眾運輸交通資訊：
a. 搭乘 1 號公車於小西門（大億麗緻）站下車後，步行 1 分鐘（約 120 公尺）。
b. 搭乘 88、88 區號公車於新光三越（大億麗緻酒店）站下車後，步行 1 分鐘（約 120 公尺）。

官網

藍晒圖吉祥物「Blues」

18:00

欣賞日治時期的木造建築—臺南舊司法宿舍群，園區特色餐廳用餐

藍晒圖文創園區內除了有好看好玩好拍的，裡面還有不少特色餐廳，如趣活藍晒圖旗艦店，除了提供設計師文創商品展售，也設置了複合式餐飲空間；Our Bar為創意義式雪糕和美式脆薯為主；小覓秘麵食所的鮮燙玫瑰牛肉翡翠麵為必點招牌菜，為各大媒體皆來採訪過的人氣麵店。

藍晒圖日景

園區內部好逛又好拍

園區內有不少優質餐廳，提供用餐

夜晚的林百貨，可登高欣賞府城夜色

20:30
五層樓仔坐流籠、賞臺南夜景

「臺南林百貨」為日治時期的兩大百貨公司之一，頂樓設有日本鳥居神社，至今仍可見。日夜兩風情，任何時間都適合前往走逛拍照！現以文創百貨為主，內部除了有知名的手作設計品牌，也有餐廳和伴手禮的選購。務必搭乘「指針式電梯」，體會當時居民嚮往到林百貨「坐流籠」的休閒活動，全臺唯一現存的古蹟百貨公司，值得一逛！

書迷優惠

凡持《回到阿嬤時代玩臺南》此書到以下店家或旅宿消費，即可獲得店家優惠（優惠僅單次為限／以店家規定為準）。

漫步老宅	石門紅樓 安平老屋空間
優惠內容 平日住宿 9 折優惠	**優惠內容** 平日住宿 9 折優惠
木門厝 Moment Cafe	**掟鳳凰 百年老宅**
優惠內容 採電話訂房，平日住宿 9 折優惠	**優惠內容** 平日住宿 9 折優惠
未艾公寓	**末廣通 Suehirodori 民居**
優惠內容 限入住日使用 採電話訂房，每位入住者贈送咖啡廳飲品一杯	**優惠內容** 平日住宿 9 折優惠
赤崁璽樓	**神榕一四七**
優惠內容 個人套餐 9 折優惠	**優惠內容** 優惠內容：平日住宿 9 折優惠
肥貓咖啡	**清水堂愛玉**
優惠內容 消費送肥貓咖啡義式精品豆掛耳包	**優惠內容** 消費享 9 折優惠
小覓秘麵食所	**Our Bar**
優惠內容 期限至 2019/12/31 免費鮮燙玫瑰牛肉翡翠麵一碗（不包含附餐小菜）	**優惠內容** 期限至 2019/12/31 雪糕任選買一送一（贈送價低者）

國家圖書館出版品預行編目資料

回到阿嬤時代玩臺南 / 進食的巨鼠作. -- 初版.
-- 臺北市 : 華成圖書, 2019.05
面 ; 公分. --(自主行系列 ; B6214)
ISBN 978-986-192-347-5(平裝)

1. 遊記 2. 人文地理 3. 臺南市

733.9/127.6 108004169

自主行系列 B6214

回到阿嬤時代玩臺南

作 者/進食的巨鼠

出版發行/華杏出版機構
華成圖書出版股份有限公司
華成官網 www.far-reaching.com.tw
11493台北市內湖區洲子街72號5樓(愛丁堡科技中心)
户 名 華成圖書出版股份有限公司
郵政劃撥 19590886
華成信箱 huacheng@email.farseeing.com.tw
電 話 02-27975050
傳 真 02-87972007
華成創辦人 郭麗群
發 行 人 蕭聿雯
總 經 理 蕭紹宏
主 編 王國華
責任編輯 楊心怡
美術設計 陳秋霞
印務主任 何麗英
法律顧問 蕭雄淋
華杏官網 www.farseeing.com.tw
華杏營業部 adm@email.farseeing.com.tw

讀者線上回函
您的寶貴意見
華成好書養分

定 價/以封底定價為準
出版印刷/2019年5月初版1刷

總 經 銷/知己圖書股份有限公司
台中市工業區30路1號 電話 04-23595819 傳真 04-23597123